O Evangelho de Maria

Conheça nosso site

- @editoraquadrante
- @editoraquadrante
- @quadranteeditora
- Quadrante

SALVADOR M. IGLESIAS

O Evangelho de Maria

3ª edição

Tradução de
Emérico da Gama

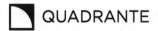
QUADRANTE

Copyright © 1991 by Ediciones Palavra, S.A., Madrid

Capa
Karine Santos

Dados Internacionais de Catalogação na Publicação (CIP)

Iglesias, Salvador M.
   O Evangelho de Maria / Salvador M. Iglesias – 3ª ed. – São Paulo : Quadrante, 2025.

   ISBN: 978-85-7465-864-3

   1. Maria, Mãe de Deus 2. Mariologia I. Título

CDD-232.91

Índice para catálogo sistemático:
1. Maria, Mãe de Deus : Mariologia 232.91

Todos os direitos reservados a
QUADRANTE EDITORA
Rua Bernardo da Veiga, 47 - Tel.: 3873-2270
CEP 01252-020 - São Paulo - SP
www.quadrante.com.br / atendimento@quadrante.com.br

Índice

Umas poucas palavras 7
Dedicatória 11
O que tens diante de ti, leitor... 13
Os cinco silêncios de Maria 17
   1. O silêncio da sua vida anterior à Anunciação 17
   2. O silêncio sobre o mistério da Encarnação 19
   3. O silêncio da vida oculta 21
   4. O silêncio da vida pública 24
   5. O silêncio depois da Ascensão 26

As sete palavras de Maria 31
   1. Como poderá ser isto, se não conheço varão? 31
   2. Eis a escrava do Senhor 34
   3. Faça-se em mim segundo a tua palavra 37
   4. A minha alma engrandece o Senhor 40
   5. Filho, por que fizeste isto conosco? Eis que teu pai e eu te procurávamos angustiados 43
   6. Não têm vinho... 46
   7. Fazei o que Ele vos disser 49

As oito palavras dirigidas a Maria 53
   1. A saudação do Anjo 53
   2. O anúncio da Encarnação 56

    3. Por obra e graça do Espírito Santo 59
    4. A espada de Simeão 62
    5. As bem-aventuranças de Isabel 65
    6. A enigmática resposta no Templo 69
    7. A evasiva de Caná 71
    8. A derradeira vontade de Jesus 74

Atitudes de Maria 77
    1. Desposada com um varão 77
    2. E o nome da virgem era Maria... 80
    3. Perturbou-se 82
    4. Dirigiu-se apressadamente à montanha 84
    5. E saudou Isabel... 87
    6. E permaneceu com ela três meses 89
    7. E deu à luz o seu filho primogênito 91
    8. Junto de Jesus, Maria 95
    9. Purificação e apresentação 98
    10. E os seus pais costumavam ir todos os anos a
        Jerusalém na festa da Páscoa 100
    11. Onde te escondeste? 101
    12. Meditava no seu coração 106

Atitudes em face de Maria 111
    1. As pessoas da rua 111
    2. A primitiva comunidade cristã 115
    3. São José 118
    4. Jesus 120

Umas poucas palavras

Foi somente isto que me pediram, querido leitor: nem um prólogo, que condensasse em poucas páginas um outro trabalho, nem uma apresentação, de que o autor não necessita. Quem não o conhece, depois de ter visto e escutado durante anos e anos as suas magistrais preleções na Televisão Espanhola? Passeia pelos campos da Sagrada Escritura com uma firmeza e uma segurança que iluminam. Escolhe e recolhe páginas belíssimas dentre as divinamente inspiradas, e depois nos apresenta nas suas meditações e nos seus livros verdadeiros ramalhetes, nos quais não se sabe o que é mais digno de admiração, se a formosura do conjunto, se o acerto na combinação, se a apresentação artística. Lê-nos a Sagrada Escritura como um autêntico leitor, e explica-a como um autêntico mestre. É um homem de estudo, mas principalmente um homem de fé.

E agora nos oferece este *Evangelho de Maria* como uma espécie de «desafogo», à margem das suas preocupações de estudo e de governo, de professor e de pastor de almas.

Havia-me escrito: «Não chega a ser uma melodia; mal passa de umas quantas notas soltas. Tampouco é poesia, mas há efusões líricas. Creio que o carinho é sempre um pouco de tudo isso». Bem dito! Confirma-o a dedicatória: «Será demasiada ousadia que eu pretenda gravar o meu nome sobre o peito da Mãe em quem pus também, desde os cinco anos, todo o afeto do meu coração de órfão?» E brotou o *Evangelho de Maria*. É um beijo na sua Mãe.

Não tens entre as mãos, leitor, um trabalho de exegese, mas tudo o que diz tem a garantia do exegeta. Não é um trabalho de teologia, mas foi escrito por um teólogo. Será um evangelho apócrifo? Não. Lê o índice, e verás que está escrito com palavras divinamente inspiradas, respigadas e interpretadas com acerto, como quem lê nas entrelinhas dos silêncios de Maria e das atitudes que as outras pessoas adotaram diante dEla.

De Maria nunquam satis, de Maria nunca se fala demasiado, afirmam os mariólogos. E é que em Maria *fez coisas grandes o Todo-Poderoso*. Alguns exemplos dessas maravilhas de maravilhas: Conceição em graça sem pecado original; Maternidade divina virginal; Assunção em corpo e alma antes da Ressurreição final. Justifica-se, portanto, escrever sobre Ela um *Evangelho* extraído dos Evangelhos. E se o Evangelho original nos apresenta Jesus, este *Evangelho* nos conduz até Ele. E assim termina o autor: «Com esta bela descoberta de que, quase sempre, por trás do Evangelho de Jesus, encontra-se Maria».

Quando lermos estas páginas respigadas do Evangelho, façamos como Maria: conservemos e meditemos todas estas coisas no coração. O autor te dirá: «As coisas que Deus faz saem sempre impregnadas do perfume das suas mãos. Cabe-nos a nós conservar esse perfume num lugar em que o vento da dissipação não o volatilize. É preciso fechar as portas e vedar as juntas das janelas.

«Maria ceifava umas vezes, respigava outras, armazenava sempre. Não havia perigo de que uma só partícula de bem passasse por Ela sem frutificar.

«E, depois, meditava no seu coração».

Ao lermos o *Evangelho de Maria*, ver-nos-emos obrigados a exclamar, tu, querido leitor, e eu, dialogando com Jesus, o Divino Mestre: *Bem-aventurado o ventre que te trouxe e os peitos que te amamentaram.*

† José María Lahiguera

Valência, na Festividade de Nossa Senhora de Fátima, 13 de maio de 1972.

Dedicatória

A segunda Pietà *de Michelangelo – a que se admira em São Pedro de Roma – é a única obra do Buonarrotti que traz a sua assinatura. Gravou-a na escultura numa noite do ano de 1500, à luz de uma lanterna, sobre o coração da Virgem, numa espécie de fita que atravessa o seu peito.*

E dizem que, no rosto da jovem Pietà, o artista reproduziu com amor filial as feições que recordava vagamente da sua mãe, desaparecida quando tinha apenas cinco anos.

Será demasiada ousadia que eu pretenda, como ele, gravar o meu nome sobre o peito da Mãe em quem pus também, desde os cinco anos, todo o afeto do meu coração de órfão?

O que tens diante de ti, leitor...

O que tens diante de ti, leitor, não é – ainda que o pareça pelo título – um evangelho apócrifo. É o Evangelho verdadeiro – o único. A minha intenção é vê-lo tal como Maria o viveu.

Porque há muitas maneiras de ver o Evangelho.

Jesus disse um dia: «*Muitos profetas e justos desejaram ver o que vós vedes e não o viram, e ouvir o que vós ouvis e não o ouviram*» (Mt 13, 17). E noutra ocasião: *Abraão alegrou-se de ver o meu dia. Viu-o e alegrou-se* (Jo 8, 56). E a propósito de uma citação de Isaías mencionada por João no seu Evangelho, o discípulo predileto comenta: *Isto disse-o Isaías quando viu a sua glória e falou dele* (Jo 12, 41).

Foi a primeira maneira de ver o Evangelho, a mais antiga, anterior à sua própria realização.

O Evangelho – a grande notícia – foi visto com os olhos da profecia e ouvido com os ouvidos da fé pelos Patriarcas e Profetas do Antigo Testamento. Visão verdadeira e meritória, mas longínqua, obscura, fragmentária, imperfeita. Do mais próximo deles – João Batista –, que assinalou com o dedo a presença de Jesus, embora tenha morrido sem fazer parte do seu Reino, o Mestre pôde dizer: «*Entre os nascidos de mulher, não houve ninguém maior que João Batista; mas o menor no Reino dos Céus é maior do que ele*» (Mt 11, 11).

É que há uma segunda maneira de ver o Evangelho, embora também à distância.
A nossa.
A de todos os que vivemos do lado de cá de Cristo.
Visão de fé também, de pura fé.
Era em nós que Cristo pensava – quase me atreveria a dizer: com agradecimento –, era em nós que Ele fixava os olhos naquele dia em que, levantando-os para não velar de tristeza o olhar suplicante e trêmulo de Tomé, disse em tom igualmente suplicante, como ao pedir água à Samaritana: *Bem-aventurados antes os que creem sem terem visto* (Jo 20, 29).

Por último, no meio – entre os que viveram na esperança de que o Senhor viria salvar-nos e os que vivemos na fé de que já veio e nos salvou –, fica o grupo privilegiado dos contemporâneos e testemunhas imediatas do acontecimento transcendental: o coro da grande Tragédia redentora, os que de uma forma ou outra participaram do grande Drama.
Os Profetas os vislumbraram mais ou menos claramente no cenário da Redenção. Nós os conhecemos – muitos deles com nome e sobrenome – pelo relato evangélico.

Mas eles estiveram ali, foram testemunhas, contemporâneos e vizinhos do Protagonista. Tiveram uma visão do Evangelho diferente da nossa.

Diferente e própria. Cada um a sua.

Madalena e Caifás, Judas e Pedro viram o mesmo, mas não o viram da mesma maneira. O ódio e o amor são dois prismas diferentes. E ambos admitem, além disso, como as lentes, diversos graus de aumento.

Seria curioso ver Jesus do ângulo de um Judas, ou de um Caifás, ou de um Herodes Antipas. Mas apenas curioso.

Em contrapartida, gostaríamos de vê-lo como o viram as pupilas inflamadas de amor de Pedro, de João ou de Maria Madalena. Senti-lo a partir deles. Ouvir em nós o eco que neles produziu.

Gostaríeis mesmo disso?

E por que não tentar vê-lo e senti-lo com os olhos e o coração dAquela que é cristal sem mancha, toda transparência?

Os cinco silêncios de Maria

São Gregório dizia de Jesus que «umas vezes nos ensina com palavras e outras com obras; porque, quando faz alguma coisa em silêncio, está-nos dando a entender o que nós devemos fazer». Há sermão mais eloquente que as lágrimas silenciosas de Jesus diante do túmulo de Lázaro? Jesus era muito expressivo nos seus gestos silenciosos. Quando falou com o jovem que guardara os mandamentos desde a infância, São Marcos faz notar que Jesus, *pondo nele os olhos, amou-o* (Mc 10, 21). Quando quiseres falar com Jesus, não te preocupe o seu aparente silêncio no Sacrário. Ainda tem olhos para olhar com amor.

Maria, que *guardava todas as palavras* [de Jesus], *ponderando-as no seu coração* (Lc 2, 51), soube meditar os silêncios do seu Filho e alimentar com eles a sua vida.

Como Ela não era a Palavra de Deus, foi ainda mais silenciosa que Ele.

O melhor ensinamento de Maria são os seus silêncios.

1. O silêncio da sua vida anterior à Anunciação

A primeira apresentação da Virgem no cenário da vida humana é a que faz São Lucas no versículo 27 do primeiro capítulo do seu Evangelho, quando refere a vinda do Anjo a Nazaré para anunciar a Maria o mistério da Encarnação. Ninguém poderia saber o que ali se narra se a Virgem não o tivesse contado. Ela é a fonte última desse relato evangélico e talvez de todo o Evangelho da infância de Jesus. Falou desse episódio porque era necessário ilustrar a origem divina de Cristo. Mas não disse uma só palavra sobre a sua própria vida anterior.

Não podemos acreditar que o Evangelista São Lucas, tão amigo dos detalhes, e antes dele os que viveram com a Senhora depois da Ascensão do seu Filho, não sentissem desejos de conhecer a vida da Virgem nos anos que precederam a Encarnação. As gerações seguintes não souberam conformar-se com essa ignorância, e, na falta de notícias certas, inventaram as piedosas lendas dos evangelhos apócrifos. É que Maria nunca disse uma única palavra sobre aquele longo período da sua vida.

O passado que a Virgem calou era belo. Porque Deus a tinha cumulado de graça desde o primeiro momento da sua conceição. Porque tinha posto nEla um coração apropriado para ser a Mãe do seu Filho.

Mãe! Por que nos ocultaste os anos da tua primeira juventude? Virão depois os evangelhos apócrifos e inventarão mentiras; mentiras piedosas, sim, mas, ao fim e ao cabo, imagens falsas do teu verdadeiro ser. E dir-nos-ão que vivias no Templo, que os anjos te traziam as refeições e falavam contigo... Sempre milagres, milagres... E assim te afastam de nós. E assim silenciam precisamente a única coisa em que eras com certeza diferente de nós.

Por que não nos disseste o que a tua alma experimentou quando, rodeada de meninos e meninas da tua mesma idade que chegavam ao uso da razão, começaste a observar neles tendências desordenadas que tu não sentias? Sentiste-te uma pessoa muito estranha, não é verdade? Mas davas-te muito bem com eles, apesar de tudo. Com toda a certeza!

Por que te pergunto isto? Porque às vezes assalta-me a preocupação de que não me poderás entender... Mas sim; não há dúvida de que me entendes. Deus te fez Imaculada, mas muito compreensiva.

2. O silêncio sobre o mistério da Encarnação

Somente Maria, sobre a terra, soube o momento e a hora em que *o Verbo se fez carne e habitou entre nós* (Jo 1, 14).

Disse-lho o Anjo caladamente e em segredo.

O Sol não parou. Nem as estrelas piscaram.

O mundo seguiu o seu curso.

Os botões das rosas continuaram a abrir-se, e os pássaros a cantar, como em todas as primaveras de todos os anos. Mas os pombos emissários a ninguém levaram a notícia. Maria guardou a mensagem no seu peito. E quando viu que Isabel sabia o que se passara, soltou as rédeas à sua impaciente gratidão a Deus. Porque Ela teria desejado desde o primeiro momento dizer às gentes que Deus já estava conosco, que o Senhor tinha olhado para a baixeza da sua escrava e que tinha feito nEla coisas grandes Aquele que é Todo-Poderoso e cujo nome é santo. Mas calou-se, respeitosa para com os desígnios insondáveis de Deus. E, não obstante, é tão humana a necessidade de derramarmos as nossas alegrias – e não somente as nossas penas – em outras almas amigas...

O silêncio da Virgem sobre os seus primeiros anos podia ser recatada humildade. Este outro silêncio depois da Encarnação tem muito, sem dúvida, de impaciência contida por respeito reverencial aos segredos de Deus. Mas tem também muito de heroico.

Os impulsos expansivos da sua alma agradecida podiam extravasar-se na alegre e contínua salmódia do seu *Magnificat* interior. Mas... e a crise angustiante de José?

Porque Maria estava apaixonadíssima pelo seu prometido, transbordava em sonhos alvoroçados e novos próprios da mulher que, quase uma menina ainda, estreia o seu primeiro amor. Uma ideia bastante inexata da sua pureza virginal faz com que muitos cristãos não o julguem assim. Mas indubitavelmente era assim.

E José nada sabia do mistério.

A Virgem passou pela terrível humilhação e pela dolorosa angústia das dúvidas de José. Deus proveria.

Uma vez pensaram mal de mim.

Não me foi nada difícil perdoar. Às vezes, quando se tem a consciência tranquila, chega a ser agradável – como são agradáveis a acidez do limão e o amargor da menta – sofrer a incompreensão, desculpável ou mesmo culposa, dos outros: a alma margeia então as fronteiras nebulosas de uma secreta soberba. Até aqui, não me parece demasiado admirável o silêncio de Maria.

O que invejo, minha Mãe, no teu silêncio heroico, é essa dose imensa de amor e de pena pelo homem que duvidava de ti. Porque Tu te esquecias da tua própria angústia para só pensar na dele. Perdoar é um gesto magnânimo que os homens costumam ter por ânsia de grandeza. Tu não pensaste nunca que tinhas alguma coisa que perdoar. Pensaste que o teu forçoso silêncio fazia sofrer sem culpa o coração que mais amavas sobre a terra. Vias até que esse silêncio, quando se viesse a descobrir, poderia ser interpretado como desamor. E essa era a tua maior angústia.

Eu também, minha Mãe, não tenho nada que perdoar a ninguém.

Quero – da altura do meu coração, e não da do meu trono soberbo de falso deus ofendido – ungir com o óleo da minha compreensão mais amorosa as fendas duras e gretadas da alma do meu próximo, quando, fundada ou infundadamente, não for brando comigo.

Quero ninar o meu silêncio com amor. E, entretanto, que os meus olhos acariciem com suavidade aqueles que sei que sofrem porque duvidam de mim.

Não me será difícil. Porque tenho a plena certeza de que nem o teu Filho nem Tu duvidais nunca de mim.

3. O silêncio da vida oculta

Embora a Virgem nada tenha dito a Isabel, esta soube tudo por revelação do Espírito Santo.

Embora nada tenha dito a José, Deus comunicou a este o que sucedera por meio de um Anjo.

Depois, o silêncio continuou.

Quando, uns meses mais tarde, José batia com a conteira do seu bastão à porta dos habitantes de Belém, pedindo hospedagem para a Virgem prestes a dar à luz, Ela não disse a ninguém que o Menino que ia nascer era o Messias que esperavam, concebido por obra do Espírito Santo, e Filho de Deus.

Se o tivessem sabido, qualquer daqueles aldeões e descendentes do rei Davi ter-se-ia sentido honradíssimo de recebê-la em sua casa. E em vez da mula e do boi, e da cova sulcada por teias de aranha, e do acompanhamento de pastores anônimos, o que os nossos presépios de hoje representariam, para consolação dos pequeninos e exemplo dos mais velhos, seria a casinha de algum Eliacim, e as figuras de barro de sua esposa Susana e dos seus filhos Simão, Jonas, Jacó e Ester.

Mas a Virgem guardou silêncio.

Quando Jesus nasceu, os anjos anunciaram o que acontecera aos pastores, e estes comunicaram-no aos que rodeavam o Menino no Presépio. Uma estrela fê-lo saber aos Magos, e a pergunta que estes fizeram em Jerusalém deu-o a conhecer a toda a cidade, especialmente a Herodes, aos príncipes dos sacerdotes e aos escribas do povo.

Maria não disse nada. Nem comentou. Limitou-se a *guardar todas estas coisas, ponderando-as no seu coração* (Lc 2, 51).

Os habitantes do povoado do Egito em que José veio a instalar a sua oficina nunca souberam quem era a esposa daquele carpinteiro adventício, nem o Menino que trazia nos braços, envolto nas dobras do manto lançado de través sobre os seus ombros.

E em Nazaré, também não.

Quando, na sua vida pública, Jesus pregar na sinagoga da aldeia que o viu crescer, os seus conterrâneos haverão de estranhar: «*Donde lhe vêm todas estas coisas? E que sabedoria é esta que lhe foi dada? E que milagres são estes que opera por suas mãos? Por acaso não é este o artesão, filho de Maria e primo de Tiago, de José, de Judas e de Simão? E as suas irmãs não estão aqui entre nós?* (Mc 6, 2 e segs.).

E o silêncio de Maria fará com que Natanael se engane, quando responder a Filipe que lhe fala do Messias criado naquela aldeia vizinha de Caná: *De Nazaré pode sair alguma coisa boa?* (Jo 1, 46).

Não ouvistes nunca, nos fundos de um vale ou na planície imensa, e numa noite clara, os penetrantes ecos do silêncio?, esses ecos que não são outra coisa senão o zumbido rítmico das nossas próprias palpitações?

Tal é o silêncio de Maria, emoldurando a vida oculta de Jesus e sublinhando o prolongado silêncio da Palavra de Deus. Com isso, talvez só falte ao coro dos seus louvores (*Eis que todas as gerações me chamarão bem-aventurada*) a voz daquela geração dos seus contemporâneos. Mas todas as cordas da harpa do coração elevam-lhe a sua música doce e silenciosa sob o toque invisível do Deus oculto.

É que a Virgem não procurava, como tu e como eu, a glória que os homens dão uns aos outros. Bastava-lhe saber que Deus sabe tudo. E que não precisa de arautos para anunciar aos homens os seus prodígios. E que, quando Ele quer, *os céus referem a sua glória e o firmamento anuncia as obras de suas mãos; um dia transmite ao outro a sua palavra, e uma noite à seguinte as suas notícias* (Sl 18, 1-2).

Ele sabe fazer *dos seus ventos, mensageiros; e do fogo abrasador, embaixadores* (Sl 104, 4).

E quando não..., silêncio!

Cala-te, emudece!

4. O silêncio da vida pública

Diz o Espírito Santo no Eclesiastes que *há um tempo para calar e um tempo para falar* (Ecle 3, 7).

O eterno silêncio de Deus quebrou-se quando Ele disse: *Faça-se*, e o mundo começou. Assim o diz o Livro da Sabedoria com palavras belíssimas: *Quando um profundo silêncio reinava sobre a terra e a noite no seu curso chegava a meio do seu caminho, desceu dos céus, ó Senhor, a tua Palavra onipotente* (Sb 18, 14 e segs.).

A Palavra de Deus feita carne reduziu-se voluntariamente ao silêncio mais completo durante nove meses no seio de Maria. Viveu depois durante trinta anos no silêncio social do anonimato.

Mas, finalmente, um dia..., *abrindo os lábios, disse...* (Mt 5, 2).

Disse muitas coisas.

Passou de repente para o primeiro plano da atualidade.

E alvoroçou o mundo da Palestina com a novidade de uma grande notícia cujo assunto era precisamente Ele.

Maria não saiu nunca do seu silêncio.

A vida pública de Jesus não mudou em nada a atitude silenciosa da sua Mãe. Só o seu coração soube de mudanças, quando perdeu a doce companhia do Filho único.

Nas horas de triunfo clamoroso, Jesus não tinha consigo a sua Mãe. Acompanhavam-no umas piedosas mulheres que o seguiam desde a Galileia e que *tinham sido curadas de espíritos malignos e doenças: Maria, que se chamava Madalena, da qual tinham saído sete demônios, e Joana, mulher de Cusa, procurador de Herodes, e Susana e outras muitas que o auxiliavam com os seus bens* (Lc 8, 2 e segs.).

Maria não ia com Ele. Para não atrair sobre si a admiração e o amor das turbas, que desejava que fossem só para Ele.

Por isso não estava presente quando aquela piedosa mulher rompeu em louvores dirigidos à mãe que o trouxera ao mundo: *Bem-aventurado o ventre que te trouxe e os peitos que te amamentaram* (Lc 11, 27). Muitos dos presentes devem ter olhado então para o grupo de mulheres que acompanhavam Jesus para sublinhar com um sorriso de aprovação a bem-aventurança da boa mulher.

E todas quereriam então ter sido a sua mãe.

E como a alma de Maria teria transbordado de júbilo, se tivesse estado presente!

Também não estava presente no Domingo de Ramos.

Os homens invejavam os Apóstolos que compartilhariam com Ele os primeiros postos no reino messiânico. E as mulheres sentiam inveja da Mãe do Senhor.

Não o exteriorizavam. Mas, no fundo dos seus corações, muitas delas diriam: Feliz a sua mãe! Como estará orgulhosa!

E estava. Feliz e orgulhosa! Mas escondida.

E, pelo contrário, estava com Ele naquela Sexta-Feira, junto da Cruz. A caminho do Calvário, ao dobrar de uma esquina, envolvida na sua pena, tinha-lhe saído ao encontro. Aquela que nunca aparecia nos momentos de triunfo, quando a turba de admiradores o rodeava e aplaudia, não soube deixá-lo só quando todos os amigos o abandonaram.

Ninguém lhe dirigirá louvores. Quem a conheça apontá-la-á com o dedo: essa é a mãe do condenado. Terá de ouvir coisas ingratas e soezes. Mas sem Maria, Jesus estaria tão só nesses momentos...

Estava de pé, junto à cruz de Jesus, Maria sua Mãe (Jo 19, 25).

De pé e calada!

Se o Sol escurecesse, a Lua ficaria sem brilho. E o Sol escureceu. Romperam-se as pedras com estalidos e fragor de terremoto. Mas a dor da Virgem não fez ruído. No silêncio trágico do Calvário, ouviram-se os golpes secos do martelo, amortecidos pela branda almofada da carne de Cristo. Mas o eco desses golpes no coração de Maria, ninguém o ouviu.

Nem gritos nem espaventos. Dor calada.

E inclinando a cabeça, expirou (Jo 19, 30). As raposas têm covas e as aves do céu têm ninhos. Mas o Filho do homem não tem onde reclinar a cabeça. Por que não pôde a Virgem tê-lo então no seu regaço? Quando criança, cantara canções para adormecê-lo. Para o sono da morte, embalou-o em silêncio...

5. O silêncio depois da Ascensão

Quarenta dias depois da sua Ressurreição, Jesus subiu aos céus.

E aconteceu que, enquanto os abençoava, separou-se deles e elevou-se aos céus.

(Lc 24, 51)

E uma nuvem o ocultou aos seus olhos. Como estivessem olhando para o céu, enquanto Ele ia subindo, eis que apareceram junto deles dois homens vestidos de branco, que lhes disseram: «Homens da Galileia, por que estais olhando para o céu? Esse Jesus que, separando-se de vós, foi arrebatado ao céu, virá do mesmo modo que o vistes ir para o céu».

(At 1, 9-11)

E eles voltaram a Jerusalém cheios de júbilo.

(Lc 24, 52)

Esta festa da Ascensão do Senhor sabe a uma mescla de júbilo e melancolia. Júbilo pela felicidade do Mestre, que vemos triunfar. Tristeza pela orfandade em que nos deixa com a sua ida. São as duas caras de uma mesma medalha; iguais no tamanho e na forma, diferentes pelo que está gravado e pela significação.

Vista de cima, essa nuvem misteriosa que levou Jesus significava o seu triunfo definitivo sobre a morte. Para os nossos olhos carnais de pobres galileus, que a vemos de baixo, é um obstáculo que nos oculta o Sol, deixando-nos sumidos em escuridões de ausência.

Para que a pena egoísta da solidão não afogue em nós a alegria pelo triunfo do Amado, precisamos de que as asas sutis da fé nos coloquem por cima da nuvem, ou que os anjos da divina consolação desçam até nós, para nos ensinarem a vencer o negrume da nossa visão terrena com os brandos resplendores da aparição celeste.

O nosso povo teólogo, com o claro sentido de viva fé que o caracteriza e que o faz compreender o profundo significado dos mistérios, calou na entranha do júbilo apostólico pelo triunfo do Senhor quando cantou:

> Há três quintas-feiras no ano
> que brilham mais que o sol:
> Quinta-Feira Santa, Corpus Christi
> e o dia da Ascensão.

Mas talvez não seja menos teológica aquela estrofe de Frei Luís de Leão:

> Ai nuvem invejosa
> mesmo deste breve gozo. Por que te queixas?
> Para onde voas pressurosa?
> Quão rica te afastas!
> E quão pobres e quão tristes, ai, nos deixas!

Não sem motivo a liturgia da Igreja retira neste dia o gozoso círio pascal e imprime uma nota de moderação aos *Aleluias* do Ofício Divino. Daqui por diante, os ministros sagrados trocarão os paramentos brancos pelos verdes, que é a cor da esperança. E a esperança, por muito certa que seja – a que se funda em Cristo nunca falha –, é um desejo de alguma coisa que ainda não se possui plenamente.

Para aquele que nunca possuiu, esperar é um consolo.

Para a Virgem, que teve o Filho nos braços e conheceu a dita da posse, resignar-se à ausência tinha de ser uma dor inconsolável. NEla pensava Frei Luís quando escrevia:

> Que olharão os seus olhos,
> os quais viram do teu rosto a formosura,
> que não lhes sejam aborrecimentos?
> Quem ouviu a tua doçura,
> que não terá por surdez e desventura?

O amor pelo Filho fez com que Ela se alegrasse pela sua glorificação. *Se me amásseis* – tinha dito Ele –, *alegrar--vos-íeis sem dúvida de que eu vá para o meu Pai* (Jo 14, 28). E Ela amava-o. O Senhor, que sabe tudo, sabia-o.

Mas também tinha dito: ...*para que onde eu estou, estejais vós também* (Jo 14, 3). E, para a Virgem, era muito duro que não a levasse consigo.

Ao voltar a Jerusalém, Maria soube dominar em silêncio a sua pena.

E no seu interior cantava as estrofes de São João da Cruz:

> Por que, se chagaste
> este coração, não o curaste?
> E já que mo roubaste,
> por que assim o deixaste,
> e não tomas o roubo que roubaste?
>
> Apaga os meus pesares,
> já que ninguém os pode desfazer,
> e vejam-te os meus olhos,
> pois és o lume deles
> e só para Ti os quero ter.
>
> Descobre a tua presença
> e mate-me a tua vista e formosura;
> olha que a doença
> de amor não se cura
> senão com a presença e a figura.

Mas Deus tinha os seus planos.

Assim como Maria gerou em silêncio o corpo físico de Jesus, convinha também que fosse Mãe do seu Corpo Místico. O cristianismo nascente precisava, como Jesus menino, dos cuidados silenciosos de Maria.

Quando Jesus percorria os caminhos polvorentos da Galileia e da Judeia, ninguém se lembrou de que tinha sido a Virgem que o ensinara em criança a andar, levando-o pela mão.

E quantos pensam hoje que a Igreja nasceu no seio de Maria, e que aprendeu a caminhar com passo firme pelos duros e longos caminhos da História, levada pela sua mão?

As sete palavras de Maria

São sete – como são sete as palavras de Cristo na Cruz – as frases ou falas de Maria que os Evangelhos nos conservaram.

Três delas foram dirigidas ao Anjo da Anunciação.

Uma – o *Magnificat* – constitui a sua ação de graças a Deus pelas bem-aventuranças que Isabel lhe canta.

Duas foram ditas ao seu Filho: a amorosa queixa pela sua perda no Templo, e o delicado pedido do primeiro milagre de Caná.

Uma só – precisamente a última das que se conservam – foi dirigida aos homens (aos servos das bodas), e tem todo o valor de um testamento.

1. Como poderá ser isto, se não conheço varão?

A primeira palavra da Virgem que os Evangelhos nos conservam é essa pergunta que Maria dirige ao Anjo da Anunciação (Lc 1, 34).

Estava desposada com José. Gabriel acaba de anunciar-lhe que vai ser a Mãe do Messias. E em resposta a esse anúncio, a Virgem formula a sua pergunta: *Como poderá ser isto, se não conheço varão?*

A interpretação tradicional desta frase enigmática viu nela uma objeção normal, proveniente de um compromisso comum por parte de ambos os esposos – Maria e José – de viverem a sua vida conjugal virginalmente. Só assim – diz-se –, seria razoável e lógica uma pergunta como essa, que de outra maneira não teria sentido. Porque o anúncio do Anjo só podia ser entendido em relação a alguma coisa que ia acontecer, e o casamento dos dois desposados estava já marcado para data próxima. A pergunta sobre o modo como se daria a anunciada maternidade era supérflua, como era supérflua a razão aduzida. Uma e outra, no entanto, são lógicas e razoáveis na hipótese do mencionado compromisso bilateral: como poderei ser mãe, se tenho – quer dizer, temos – o propósito de não manter relações matrimoniais?

Se é assim, estamos diante de mais um dos inumeráveis paradoxos a que o proceder de Deus nos acostumou.

Que mulher judia contemporânea da Virgem, e descendente como Ela de Davi, não pensaria na possibilidade de ser a Mãe do Messias esperado? Era mais uma razão para que a maternidade fosse considerada uma glória e a esterilidade um opróbrio. A Virgem estaria tão persuadida de não merecer ser a Mãe do Messias que, com o seu voto perpétuo de virgindade, teria renunciado a essa possibilidade. Mas Deus não pensa assim. Aquela que não o esperava nem o ambicionava seria a Eleita.

Esta interpretação tradicional não pertence ao depósito da fé.

A fé católica diz-nos que devemos crer como dogma que Maria Santíssima foi virgem antes do parto, no parto e depois do parto. Por outras palavras: que Maria concebeu o seu Filho não por intervenção de homem, mas milagrosamente; que Jesus nasceu dEla como o raio de sol passa por um vidro sem quebrá-lo nem manchá-lo, e que não teve mais filhos depois de Jesus.

O voto de virgindade anterior à Anunciação é uma crença piedosa que explica satisfatoriamente a pergunta de Maria ao Anjo, e por isso mereceu a aceitação quase unânime do povo cristão, mas não é exigida necessariamente pelo dogma que todos temos obrigação de admitir.

Por razões plausíveis e sem menoscabo da sua devoção acendrada à Senhora, diversos autores católicos antigos e modernos viram as coisas de outra maneira.

Na opinião deles, a Virgem – desposada normalmente, como qualquer outra mulher do seu tempo, e ciente de que o futuro Messias deveria nascer de uma virgem, segundo o vaticínio de Isaías –, em face do anúncio de que ia ser mãe do Salvador, perguntaria com toda a lógica:

– E como há de ser isto? Porque, se for assim, eu não deverei conhecer varão. Terei de desfazer o meu compromisso matrimonial com José?

Esta interpretação parece um pouco forçada. Mas gosto do seu conteúdo como visão humana da Virgem.

Encanta-me vê-la assim disposta a casar-se normalmente, como qualquer outra moça do seu tempo. E encanta-me mais ainda vê-la abraçar depois, com simplicidade, um casamento virginal, porque assim o exigia o seu papel de Mãe do Messias.

Nunca precisei de que o Evangelho me dissesse em nenhum momento – como alguns parecem exigir – que José e Maria não tiveram mais filhos; nem senti necessidade – como outros parecem sentir – de recorrer a um voto de castidade perpétua de ambos os esposos, anterior ao casamento, para crer na virgindade de Maria após o parto. Basta-me pensar que os dois compreenderam a vontade de Deus na escolha da Virgem para Mãe virginal de Cristo, e que se amoldaram amorosa e rendidamente a essa vontade pelo resto da vida.

E até – que quereis, amigos?... – gosto de pensar assim como sacerdote que sou, agora que tanto se fala de distinção entre carisma e ministério a propósito do celibato. Eu os vejo muito unidos. E por isso José e Maria me parecem mais admiráveis – e sobretudo mais imitáveis – praticando, como o profeta Jeremias, uma castidade querida por Deus como parte e complemento da sua missão, do que se a tivessem escolhido anteriormente como forma de vida, sem relação alguma com uma função concreta.

E quem se atreverá a dizer que, se isso se passou assim, a castidade imaculada da sua vida foi menos bela ou menos grata a Deus?

2. Eis a escrava do Senhor...

A Virgem acaba de ouvir, centrado na sua pessoa, o mais surpreendente anúncio que jamais se ouviu dos lábios de um mensageiro divino: «*Eis que conceberás no teu seio e darás à luz um filho a quem porás o nome de Jesus. Ele será grande e será chamado Filho do Altíssimo [...]. O Espírito Santo descerá sobre ti, e a virtude do Altíssimo te cobrirá com a sua sombra. Por isso mesmo o Santo que de ti há de nascer será chamado Filho de Deus*» (Lc 1, 31 e segs., 35).

A humilde e simples aldeã de Nazaré acaba de ser constituída Mãe de Deus. Deste destino – privilegiado e único – dimanarão todos os demais privilégios singulares que a ornam. Entre eles, a sua condição de Rainha dos anjos e dos homens.

Há na Catedral de Granada um quadro de Alonso Cano que representa o Arcanjo Gabriel com as asas tocando o chão diante da Virgem.

Desde agora ela é a Rainha de Gabriel.

E imaginamos o Arcanjo disposto, em nome próprio e por incumbência de todos os anjos do céu, a render preito de vassalagem à sua Rainha recém-estreada.

Como ele se faz presente em forma humana, parece-nos adivinhar nele uma tentativa de genuflexão..., que fica a meio porque a Rainha renuncia às honras:

– Que vais fazer, criatura de Deus!, se eu sou apenas uma modesta escrava do meu Criador e do teu Criador?

A Virgem voltou a baixar os olhos de novo, cruzou as mãos sobre o peito e os seus lábios disseram:

– *Eis a escrava do Senhor!* (Lc 1, 38).

Enamora-me esse quadro, que eu batizaria com uma nova invocação: Nossa Senhora da Submissão!

Quem nos dera podermos deter a projeção do filme da História da Salvação nesse fotograma, para olhá-lo devagar e tirar uma cópia! Pô-la-íamos depois diante do quadro de Eva no Éden, como contraste. E por baixo as palavras luminosas do Evangelho de São Lucas, diante do texto lutuoso do Gênesis, quando descreve o pecado do Paraíso terrestre. Como soam de modo diferente dentro do seu trágico paralelismo!

Porque ali o demônio prometia à mãe de todos os homens que seria como Deus. E aqui Gabriel acaba de prometer a Maria que será a Mãe de Deus. Ali Eva, assentindo às promessas enganosas de exaltação que a serpente lhe fazia, levantou os olhos para o fruto proibido, na esperança soberba de, comendo-o, igualar-se a Deus. Aqui Maria baixa os seus e, como se quisesse recusar as honras que a palavra veraz do autêntico emissário de Deus lhe promete, proclama-se humildemente a escrava do Senhor.

É como pôr os pés no caminho da reabilitação que Jesus veio mostrar à humanidade decaída.

Porque também é um eco ao contrário da funesta história do Paraíso a descrição que São Paulo nos faz de Cristo, segundo Adão, na sua carta aos Filipenses:

Ele, apesar da sua condição divina,
não fez alarde do seu ser igual a Deus;
mas aniquilou-se a si mesmo
e tomou a forma de servo,
passando por outro homem qualquer.
E assim, reconhecido na sua condição de homem,
humilhou-se a si mesmo,
feito obediente até à morte,
e morte de cruz.
Por isso Deus o exaltou
e lhe deu um nome que está acima de todo o nome,
a fim de que, ao nome de Jesus,
todo o joelho se dobre
no Céu, na terra e no inferno,
e toda a língua proclame:
«Jesus Cristo é o Senhor!»,
para glória de Deus Pai (Fl 2, 6-11).

A soberba não é o caminho para a casa dos filhos de Deus, pois por causa dela os nossos primeiros pais perderam o caminho. Vai-se ao Céu pela humildade, que foi o caminho empreendido pelo Salvador para devolver ao homem o Paraíso perdido.

É uma lei promulgada por Cristo: *Aquele que se exaltar será humilhado, e aquele que se humilhar será exaltado* (Lc 18, 14).

Lei que se cumpriu em Maria.

Ela disse-o profeticamente: *Porque Ele olhou para a baixeza da sua serva, todas as gerações me chamarão bem-aventurada, pois fez grandes coisas em mim aquele que é o Todo-Poderoso e cujo nome é santo* (Lc 1, 48 e segs.),

Aqui estamos nós, ó Mãe, para converter em verdade, com o nosso amor e o nosso aplauso, a tua profecia.

Para aprender a tua lição.

Para imitar a tua conduta.

Para seguir as tuas pegadas, que levam diretamente ao Céu.

3. Faça-se em mim segundo a tua palavra

Se a segunda palavra da Virgem soa a lição de submissão e humildade, a terceira (Lc 1, 38) traduz em atos a profundidade e sinceridade daqueles sentimentos.

Por pouco que meditemos no nosso nada e na origem divina de tudo o que somos, reconhecemos facilmente, por lógica natural, a nossa condição de servos diante do Senhor. O difícil – e que depois não fazemos – é viver a servidão mediante a obediência.

A Virgem define aqui a trajetória de toda a sua vida.

Toda Ela será um «faça-se a vontade de Deus». E não somente agora, que o desígnio divino a eleva à dignidade de Mãe de Deus, dignidade que – Ela o sabe – traz consigo a dolorosa maternidade do Homem de Dores.

Sê-lo-á sempre, ao longo de toda a sua existência terrena, percorrendo a gama de todas as resignações:

Faça-se: submissão cega aos planos de Deus, quando o seu prometido José duvidar e estiver a ponto de abandoná-la, ao descobrir os sintomas de uma gravidez que é obra do Espírito Santo, mas cuja origem Ela não se sente autorizada a revelar.

Faça-se: aceitação das incomodidades que Deus permite, quando a soberba de Augusto e o servilismo político de Herodes ordenarem um censo que a obrigue a ir a Belém – mais de 150 quilómetros de viagem por caminhos ásperos – nas vésperas de dar à luz.

Faça-se: resignação que contrariava os seus mais legítimos sentimentos maternais, quando, rejeitada pelos betlemitas, tiver que dar à luz à intempérie e reclinar o seu Filho recém-nascido sobre as duras palhas de uma manjedoura.

Faça-se: conformidade que não pergunta pelo porquê, quando, em resposta à perseguição de Herodes, o Anjo ordenar a José que fuja para o Egito, primeiro, e depois que regresse à Palestina, como se Deus não tivesse outro meio de proteger o seu Filho.

Faça-se: ocultamento e busca na noite escura, quando, sem culpa própria, perder Jesus na peregrinação ao Templo de Jerusalém e passar três dias ansiosa e aflita.

Faça-se: aceitação resignada da viuvez, quando o futuro Taumaturgo, que tantas doenças haverá de curar e tantos mortos ressuscitará, deixar São José morrer nos seus braços.

Faça-se: renúncia generosa à doce companhia do seu Filho, quando Jesus se despedir dEla primeiro em Nazaré, para empreender a sua vida pública de Rabi errante, e mais angustiosamente depois, na tarde da Quinta-Feira Santa, ao iniciar a sua Paixão.

Faça-se: comunhão com os sofrimentos redentores do seu Filho, quando o encontrar com a cruz às costas pelas ruas de Jerusalém, e o acompanhar ao Calvário, e presenciar de pé junto à Cruz o seu martírio e a sua morte, e o receber exânime em seus braços, e o deixar coberto pela lousa do sepulcro.

Faça-se: resignação maternal pelo bem da Igreja nascente, quando, no cume do Monte das Oliveiras, vir Jesus subir aos céus e Ela ficar na terra, monumento de fé e aglutinante materno para a coesão e gestação da primeira comunidade cristã.

Faça-se, enfim, agridoce como no dia da Anunciação, quando Deus se decidir a levá-la para continuar no Céu a sua função maternal sobre a Igreja, mas à custa de privar os que lutarem neste vale de lágrimas do consolo da sua vista e presença.

O *faça-se* da Virgem na Anunciação tem todos estes ecos.

Ressonâncias de entrega amorosa ao Querer divino.

Atmosfera de aceitação.

Clima de *sim*.

Maria disse *sim* e Deus encarnou-se no seu seio.

Tudo o que a Virgem fez, na Anunciação, foi deixar Deus fazer.

São Paulo diz que Deus nos predestinou para sermos conformes com a imagem do seu divino Filho, e que a nossa santidade consiste em fazer com que Cristo nasça e se forme em nós. Como a Maria na Encarnação, Deus não nos pede senão o nosso *sim* para que Cristo nasça e cresça nas nossas almas.

Tudo o que sentimos dentro de nós por inspiração de Deus; tudo o que acontece à nossa volta por vontade ou permissão divinas; tudo o que o cumprimento do dever nos pede, são outros tantos mensageiros angélicos que Deus nos envia para nos anunciar a sua vontade de nascer em nós, solicitando para isso apenas o nosso livre consentimento.

O nosso grau de santidade é o grau de acomodação ao plano divino sobre nós.

É nessa aparente passividade, que – ainda que pareça paradoxal – indica o máximo da nossa possível atividade de criaturas, é nela que consiste toda a parte humana na obra da nossa santificação.

Mãe, ensina-me a dizer que sim!

E deixa-me invocar-te com o título que, por debaixo de todas as grandezas que Deus te concedeu, encerra tudo o que em generosa correspondência fizeste Tu:

Nossa Senhora do *sim*!

4. A minha alma engrandece o Senhor

O *Magnificat* (Lc 1, 46-55) é a resposta da Virgem aos louvores de Isabel.

Permites-me, Senhora, a comparação? A tua atitude recorda-me a do famoso diretor de orquestra que, ao receber os merecidos aplausos do auditório, os dirige com um gesto simples dos seus braços aos músicos anônimos postos em pé. Tu sabias e reconhecias que todo o teu mérito era Graça de Deus. Não era só pudor humilíssimo. Era um claro sentido de justiça.

Um poeta cantou:

> O encanto das rosas
> é que, sendo tão formosas,
> não sabem que o são.

O teu encanto, Mãe, é maior. Porque, sendo consciente, é por isso mais humilde que o das rosas.

Nunca foi verdadeira humildade a afetada ignorância dos dons que Deus nos concedeu. Negar que se recebeu muito equivale a gloriar-se de que se deve pouco. E é muito cômodo descarregar a alma do peso da responsabilidade, quando soa a hora de devolver em dobro os talentos recebidos.

A humildade é a verdade, disse a Santa de Ávila. E a verdade é que cada homem ou mulher é um monumento dos benefícios de Deus. Monumentos e mais monumentos que cobrem a oca lápide do nosso nada e a fossa profunda da nossa miséria. Enquanto não chegar a hora gloriosa da Ressurreição, em que Cristo será *tudo em todos*, a graça de Deus não destruirá por inteiro todos os porões do nosso ser.

Vou pelo mundo, Senhor, como a tartaruga, esmagado sob o peso do mármore dos teus tesouros. Como piedosas flores de cemitério, as tuas graças cobrem a minha podridão aos olhos dos outros.

Não quero ser, Senhor, sepulcro caiado, porque gosto das tuas flores sobre a minha campa, e agradeço-te em nome dos transeuntes o perfume que elas derramam para neutralizar os efeitos da minha hediondez.

Eu bem sei a verdade daquilo que me vai por dentro.

Mas, por que amargar com descrições macabras a vista dos que passam junto de mim, se a verdade da tua bondade imensa para comigo e para com eles é tão bela...?

Não minto, não, quando te canto como a Virgem: *A minha alma engrandece o Senhor e o meu espírito regozija-se em Deus meu Salvador.*

Como Maria soube cumprir tão bem o seu ofício de criatura racional sobre a terra!

Porque é uma verdade tremenda aquela que Santo Inácio coloca como princípio e fundamento dos seus *Exercícios Espirituais*: o homem foi criado para louvar a Deus.

Deus é o único que tem direito a procurar o seu brilho no que faz. O seu fulgor ilumina a vida dos que não éramos nem somos senão nEle.

E, para brilhar comunicando o seu Ser, fez os mundos.

Mundos que rodam e giram – o macrocosmo e o microcosmo – cantando estrondosamente a muda canção da infinita glória divina. E no vértice de todos os mundos, como o sacerdote sobre os degraus do altar, as criaturas racionais, com a missão de recolherem na patena da sua língua os louvores mudos da Criação inteira.

Nós somos a «plateia» de Deus, gratuitamente convidados ao espetáculo para aplaudir.

Por isso, quando nos fez, Ele quis que andássemos sobre os nossos pés e deixou-nos as mãos livres. Era frágil o barro, e as fez de carne para que não se fendessem ao choque do aplauso. O aplauso da Virgem foi constante. Tu o sabes, Senhor. Tanto agora, que conhecia as tuas intenções, como nas demais circunstâncias da sua vida, quando as tuas intenções não eram tão claras, mas às vezes terrivelmente desconcertantes.

Eu quero também que as minhas mãos aplaudam sempre as palavras dos teus lábios, ainda que não as compreenda... E que os meus lábios beijem as tuas mãos sempre, ainda que me firam.

5. Filho, por que fizeste isto conosco? Eis que teu pai e eu te procurávamos angustiados

Esta quinta palavra de Maria (Lc 2, 48) é a primeira frase da Virgem a Jesus, que os Evangelhos nos conservam.

E é uma frase terrivelmente humana. Um grito, uma queixa espontânea de mãe, quase biológica.

Estávamos precisando dele, para sentir a Virgem como cidadã da nossa mesma terra, mulher de carne e osso como nós.

Porque até agora as suas palavras – as palavras de Maria conservadas no Evangelho – situavam-se numa esfera transcendente, etérea, quase sem peso, inacessível ao pesadume e miséria humanas.

Eram – as anteriores – palavras de uma criatura excepcional que falava com o Anjo ou com Deus como se a conversa angélica e divina fosse nEla a linguagem natural.

Agora, depois que o Verbo se humanizou revestindo-se de carne formada nas suas entranhas, as palavras de Maria tomam carne também e tocam a terra, como os pés de Jesus pelos caminhos poeirentos.

Acima, tudo era luz e transparência.

Abaixo, há noite e escuridão, dúvida e angústia.

Jesus desapareceu sem que os seus pais o notassem. Ficaram sem Ele. Perderam-no.

E ao longo de três dias intermináveis, a busca foi inútil.

Por isso quando, no terceiro dia, finalmente, *o encontraram no Templo de Jerusalém, sentado no meio dos doutores, escutando-os e interrogando-os*, sobe aos lábios da Virgem toda a angústia de mãe acumulada nas longas horas de busca ansiosa:

— *Filho, por que fizeste isto conosco? Eis que teu pai e eu te procurávamos angustiados.*

Custa-nos admitir que a escrava do Senhor — aquela que soube trazer no coração e à flor dos lábios a conformidade com o querer divino — tivesse perdido nesta ocasião o equilíbrio e se atrevesse a pedir contas a Deus.

No entanto, a frase soa desse modo: soa a um pedido de explicações por um ato que se mostra humanamente inexplicável, e a uma censura por uma conduta que fez os pais sofrerem.

Soa assim e é assim.

Não tenhamos medo em admiti-lo.

Uma e outra coisa — o pedido de explicações e a censura — seriam atrevimento imperdoável numa criatura que se julgasse com direitos em face do Criador.

Mas isso mesmo soa de modo diferente quando é o amor que o pronuncia.

E é o amor que move – nesta ocasião como em todas – a língua da Virgem. E não o amor ofendido, mas o amor dolorido.

A Virgem fala – é verdade – com o Filho de Deus, que é o próprio Deus. Mas esse Filho de Deus quis também ser filho dEla.

A expressão de Maria tem o acento patético do amor das mães.

A Palavra de Deus revelada nas Sagradas Escrituras acostumou-nos a essa dupla distinção de motivos, em virtude da qual uma mesma atitude é odiosa quando nasce do orgulho, e querida por Deus quando é o amor que a dita.

O pecado dos nossos primeiros pais no Paraíso foi ambicionarem ser como Deus e pretenderem consegui-lo pelas suas próprias forças, ao arrepio do querer divino, que o Tentador soube apresentar como contrário. Mas desejar o mesmo, aceitando agradecida e amorosamente a participação na natureza divina que o próprio Deus nos oferece, é em nós a suprema virtude, que nos torna credores da felicidade suprema.

Soam no mesmo tom – mas soam de modo diferente – a insolente pergunta do barro que, arrogando-se direitos inexistentes em quem não é nada, pede contas ao divino Oleiro, e a angustiosa queixa da alma apaixonada que, apoiada na promessa gratuita de Deus e girando agradecida em torno do Sol da sua graça, não suporta o eclipse.

A pergunta aflita de Maria no Templo tem acentos de humilde satélite.

É linguagem de amor dizer, depois que tudo passou: – Filho, por que fizeste isto conosco?

«Sem ti não posso viver» – é uma forma clássica de expressar o amor.

O seu equivalente, talvez ainda mais expressivo, é – como no caso de Maria – doer-se da ausência, declarar insuportável a separação em que por breves momentos – horas intermináveis para Ela – o Amado a quis deixar.

Não era isso o que Ele procurava?

6. Não têm vinho...

Em Caná da Galileia, a terra de Natanael, para quem *de Nazaré não podia sair nada de bom*, a Virgem assiste a umas bodas de casamento.

Trinta anos antes, em Nazaré, tinha sido Ela a noiva.

Hoje é uma convidada.

Pedro e João, Filipe e André – os quatro primeiros discípulos que se uniram a Jesus no Jordão – chegaram com Ele e juntaram-se à festa.

Por causa de mais um..., quem se vai importar? Eu entrei com eles como repórter fotográfico. Queria tirar um instantâneo da Virgem para depois oferecer aos noivos como lembrança. Conservarei o negativo, e tirarei cópias gratuitas para todos os que se casarem e para os solteiros que as quiserem.

Mas não te dou a cópia, se não me adivinhas o enquadramento.

Não registrei na minha máquina o momento clássico em que Maria disse a Jesus: *Não têm vinho*, e aos criados:

Fazei o que Ele vos disser. O meu instantâneo surpreendeu a Virgem – e é o que tu tens que me adivinhar – num momento anterior.

Vê se adivinhas.

Com que disposição de ânimo e em que atitude imaginas a Virgem Nossa Senhora como convidada a estas bodas?

Tenho a certeza de que haverá respostas pitorescas.

Não faltará quem responda: «Eu a imagino em atitude orante, alheia ao bulício mundano da festa, e fazendo no seu íntimo atos de desagravo pelos pecados que os convivas pudessem cometer».

Porque há quem pense mal e esteja vendo pecados por toda a parte.

Frio, frio!

Outro dirá: «Eu a vejo numa atitude muito mais natural: sentada à mesa das pessoas graves, onde se sentam nas nossas festas de casamento de hoje, junto dos noivos, os pais, os padrinhos e o sacerdote que abençoou a união. A augusta seriedade do seu porte impõe respeito aos jovens, e a sua simples presença impede que passem da risca».

Julgais que assenta bem à Virgem este papel de desmancha-prazeres?

Por que secar o frescor da sã alegria das pessoas com essa inveja de ressentidos, que às vezes caracteriza os que se jactam de rígidos censores de imoralidades sonhadas?

Frio, frio!

Outro, por fim, responderá: «Eu a imagino como era: sempre operosa e serviçal. Não é o momento de escutar, contemplativa, a palavra do Mestre, sentada a seus pés. Os inúmeros convidados de umas bodas requerem mais atenções que o Hóspede dos irmãos de Betânia. Não é despropositado hoje – nem Jesus o reprova nesta ocasião – o ir e vir de Marta. A Virgem, portanto, serve à mesa, leva e traz as jarras de vinho espumante e as travessas com as viandas fumegantes, ajuda na cozinha, anima insistentemente os envergonhados e retraídos na sua parcimônia..., aqueles quatro rapazes, amigos do seu Filho, que são totalmente estranhos à família e que lá estão simplesmente para acompanhar Jesus...

Isto já se vai aproximando da realidade.

Morno, morno! Quente, quente!

Mas temo que ninguém me dê a resposta exata do enquadramento que trago na minha máquina fotográfica e que gostaria de plasmar, se entendesse de pintura, num quadro de tamanho natural e a cores, a que poria como título, ainda que pudesse parecer irreverência: a «Virgem das talhas de vinho»!

Porque, nas suas idas e vindas ajudando os servidores do banquete, Maria escutou o ruído seco das jarras que raspavam o fundo quase vazio dos tonéis de vinho.

A objetiva da minha máquina surpreendeu-a – indiscreta – debruçada sobre uma talha e com a expressão de pena que lhe causou verificar a falta de vinho.

E guardo aqui, para consolação e esperança de todos os distraídos, o pormenor mais delicado da solicitude da Virgem pelas necessidades mais modestas dos homens.

A Medianeira de todas as graças, além de poder tudo – porque Deus assim o quis –, está atenta a tudo, porque tem adivinhas de Mãe.

E porque esteve a par do que se passava, aproximou-se silenciosamente de Jesus e disse-lhe: – *Não têm vinho* (Jo 2, 3).

O favor que a Virgem fez aos esposos de Caná, intercedendo junto do seu Filho para que fizesse o milagre, não fora pedido por ninguém. Foi Ela que esteve vigilante e reparou na situação antes que ninguém.

É um consolo saber que Ela está a par das nossas indigências, ainda que nós – distraídos – não notemos o que nos falta.

E isso em todas as ordens.

Porque, posta a deixar aos noivos um presente de casamento em nome próprio e no do seu Filho, pôde deixar-lhes uma coisa de transcendência espiritual: um seguro de graça e de felicidade temporal e eterna. Mas o seu presente foi uma coisa tão vulgar e tão daqui da terra... O presente de evitar-lhes o rubor da falta de vinho no meio da festa.

Mas é isso mesmo.

Porque nós os homens precisamos muito desta Virgem solícita que eu me atrevo a invocar sob o título de Virgem das Talhas.

E por isso me atrevi a registrar a imagem que te ofereço.

Olha para ela muitas vezes.

Far-te-á bem.

7. Fazei o que Ele vos disser

Esta última palavra da Virgem (Jo 2, 5) é – das sete que o Evangelho nos conserva – a única que Maria dirigiu aos homens. Até agora, só a tínhamos ouvido falar com o Anjo, com Deus ou com o seu Filho.

Esta palavra de agora foi dita por Ela a uns homens.

Disse-a a nós.

Foi a única coisa que nos disse.

Foi nas bodas de Caná. Quando o vinho veio a faltar e Ela o notou. Depois de ter dito ao seu Filho a palavra anterior: *Não têm vinho*.

Se a resposta de Jesus, que deixou bem estabelecida a independência da sua missão como Messias em face dos laços da carne e do sangue, pode parecer-nos dura – *Mulher, que há entre ti e mim? Ainda não chegou a minha hora* –, deve ter havido alguma coisa no seu tom de voz ou no seu gesto que a Virgem interpretou como sinal de que o seu pedido fora escutado. E, dirigindo-se aos servidores, disse apontando para Jesus:

– *Fazei o que Ele vos disser.*

Em que pensam os pintores, que também este quadro não está nos museus? Cristo no andar de cima. Os servidores na adega. E a Virgem, no meio, na escada, dirigindo-se aos homens e apontando para Jesus. Por baixo, um dístico que não ofenderia ninguém: a Virgem Medianeira. Ou, se o preferirmos, mais em concreto: a Virgem da Escada.

Porque a cena apanha todos os aspectos da mediação subordinada de Maria.

Cristo é o nosso único Mediador diante do Pai.

A da Virgem é uma mediação subordinada: Medianeira ante o Mediador, este é o título que lhe confere a mais rigorosa teologia católica.

Geralmente, considera-se que Maria é Medianeira em ambas as direções: Medianeira de intercessão, que de baixo para cima apresenta as nossas súplicas ao seu Filho, avalizadas pela sua poderosa recomendação; e Medianeira universal de todas as graças, por cujas mãos Deus quis que passassem todos os seus dons e mercês à humanidade. De suas mãos recebemos – porque nos veio através dEla – o Filho de Deus feito homem. E como diz muito bem São Paulo: *Quando Deus nos deu o seu Filho, porventura não nos deu com Ele todas as coisas?* (Rm 8, 32).

Mas há uma terceira dimensão no ofício medianeiro de Maria que não costumamos apreciar devidamente: a de levar-nos até Ele.

Nunca vi este aspecto mencionado entre os comentaristas do Evangelho, porque a Virgem, pelo que sabemos, nunca escreveu nada. Mas por acaso a sua vida não é o melhor comentário aos ensinamentos de Jesus?

Este modesto livro que tens entre as mãos, leitor amigo, nasceu dessa profunda convicção.

Quando falamos do Evangelho de Jesus, o termo é suscetível de uma dupla acepção: falamos da boa nova que Jesus pregou, e falamos da pregação que tem Jesus por objeto.

Mas quando São Paulo fala do seu próprio Evangelho e nós falamos do Evangelho de Paulo, referimo-nos exclusivamente ao que Paulo pregou sobre Jesus.

O Evangelho de Maria é o que a Virgem pregou sobre Cristo. E como Ela não pregou nunca, referimo-nos à sua vivência pessoal do Evangelho de Cristo.

Haverá quem se atreva a negar autenticidade a este modo de ver? Será que houve ou haverá alguma vez outra vivência humana tão exata do Evangelho de Cristo como a vida de Maria?

Jesus será sempre o único Modelo proposto por Deus aos homens. Mas se Paulo se atreveu a dizer: *Sede meus imitadores, como eu o sou de Cristo* (1 Cor 11, 1), será demasiado que nós procuremos na Virgem o modelo intermédio – pura e simplesmente humano – mais próximo do Modelo – perfeitamente humano, mas ao mesmo tempo divino – que é Cristo?

Ao fim e ao cabo, Maria sempre teve consciência – como João Batista – da sua posição de segundo plano a uma distância infinita de Jesus.

Não se declarou Mestra de nada, mas Discípula de tudo. Não pretendeu que aprendêssemos nada dEla.

Mas nessa única palavra que dirigiu a puros homens e que o Evangelho nos conserva, há toda uma biblioteca de magistério mariano.

Com o seu olhar maternal posto nos filhos dos homens de todas as idades, e o seu dedo apontando para o único Mestre da humanidade resgatada, a sua voz continua a repetir o mesmo convite através do espaço e do tempo:

– *Fazei o que Ele vos disser.*

As oito palavras dirigidas a Maria

Somente oito frases ditas diretamente à Virgem foram conservadas pelo Evangelho: três do Arcanjo São Gabriel na Anunciação, uma de Isabel, outra do ancião Simeão, e três do próprio Jesus (no Templo aos doze anos, nas bodas de Caná e no Calvário do alto da Cruz).

São elogiosas as do Anjo, de triste presságio a de Simeão, e de aparente desprendimento as de Jesus.

1. A saudação do Anjo

«Alegra-te, cheia de graça, o Senhor está contigo».
(Lc 1, 28)

Quem diz isso é Gabriel, o embaixador de Deus para os assuntos da Redenção. Porque, séculos atrás, ele fora encarregado de transmitir a Daniel na Babilônia o oráculo das Setenta Semanas*, e há apenas seis meses que anunciou a Zacarias no Templo de Jerusalém o nascimento do Precursor.

Hoje, o ponto de destino do seu voo – para a última e a mais importante das suas embaixadas – não foi a corte da Babilônia, nem o maravilhoso templo da cidade

---

(*) Profecia messiânica. Cf. Dn 9, 20-27.

de Davi, recentemente restabelecido e embelezado por Herodes o Grande, mas uma pobre aldeiazinha perdida num canto da Galileia, ali na contramão da *Via Maris* conhecida pelos mercadores, escondida entre montanhas e esquecida do mundo.

A aldeiazinha chama-se Nazaré, e nunca deve ter acontecido nada de importante nela, porque o Antigo Testamento nem sequer a menciona.

Mas Deus não partilha dessa opinião.

Há ali uma donzela – o melhor que a Criação pôde produzir até agora – que há pouco tempo desposou um carpinteiro do povoado, e está a preparar diligentemente o seu modesto enxoval para o casamento que se aproxima. NEla Javé pôs os seus olhos e a sua graça desde que foi concebida.

As mãos operosas de Maria fiam e costuram quando o Anjo chega. A alma está também costurada a Deus com as agulhas do seu pensamento e os fios da contemplação. A sua vida é um contínuo estar com Deus. A Virgem tem fome indizível de vê-lo cara a cara, e canta-lhe ao compasso do seu desejo com o poeta místico:

> Ai quem poderá curar-me!
> Acaba de entregar-te já deveras.
> Não queiras enviar-me
> mais mensageiro algum,
> pois não sabem dizer-me o que mais quero.

Aí vai, aí vai!

Primeiro Gabriel, o mensageiro, o embaixador, para dizer-lhe o que Ela não sabe nem suspeita.

Depois virá em pessoa... Aquele «que mais quero».

E disse-lhe o Anjo:
— *Alegra-te, cheia de graça, o Senhor está contigo.*
A Virgem, enquanto lhe falam, entrecerra os olhos sempre modestos, e o sangue sobe-lhe às faces. Isso quando são os homens que lhe falam.

Hoje é um Anjo de Deus quem te fala. Envia-o o próprio Deus, com uma mensagem honrosa para ti. Na corte de Roma, ninguém sabe o teu nome; no palácio de Herodes, ignoram a tua existência; os meninos na fonte não se ocupam de ti. Mas o Deus dos céus comprazeu-se na tua humilde simplicidade. O Rei dos reis e Senhor dos que dominam pensa em ti e saúda-te por meio de Gabriel.

E a saudação é antes de mais nada um convite à alegria: *Alegra-te!* Um convite que, dito assim, no imperativo, tem ressonâncias proféticas de júbilo messiânico. Dirigiram-no muitas vezes os Profetas a Sião. E Ela – Maria, a Filha de Sião por excelência – é hoje a primeira destinatária desse júbilo esperado há tantos séculos e convertido agora em realidade.

Depois um galanteio: «*Cheia de graça!* Agraciadíssima!»

O galanteio de Deus, como é veraz, é uma espécie de sacramento: produz realmente o que significa. E o faz antes de o significar.

Deus louva em Maria o que verdadeiramente é digno de louvor: *Enganosa é a graça, fugaz a formosura; a mulher que teme a Deus, essa deve ser louvada [...]. Muitas filhas fizeram proezas, mas tu ultrapassas todas elas* (Pr 31, 30 e 29).

Deus louva a sua própria obra. Porque brilhou previamente em Maria.

Para poder chamá-la hoje, sem mentir, «cheia de graça», Deus cumulou-a dos seus dons desde o momento em que foi concebida.

E, por último, o primeiro anúncio da Encarnação, a grande promessa da maior familiaridade: *O Senhor está contigo!*

O Senhor sempre está contigo, Santa Maria, como com os antigos Patriarcas.

Em breve estará contigo como nunca jamais esteve com ninguém.

2. O anúncio da Encarnação

> «*Não temas, Maria, porque achaste graça aos olhos de Deus. Eis que conceberás no teu seio e darás à luz um filho a quem porás o nome de Jesus. Ele será grande e será chamado Filho do Altíssimo, e o Senhor Deus lhe dará o trono de Davi, seu pai. Reinará sobre a casa de Jacó pelos séculos, e o seu reino não terá fim*».
> (Lc 1, 30-33)

Isto também foi dito pelo Anjo da Anunciação, quando a Virgem, ao ouvir as primeiras palavras do mensageiro, *se perturbou e pensava no que poderia significar aquela saudação.*

A resposta do Anjo é tranquilizadora: *Não temas, Maria.*

Ao saudá-la pela primeira vez, não pronunciara o seu nome. Tinha-o trocado por outro, que indicava a nova dignidade dAquela que fora exaltada: *Alegra-te, cheia de graça.*

Quando Deus muda o nome de alguém, é porque o destina para alguma coisa de diferente do que vinha fazendo, e o novo nome designa a nova missão que lhe é encomendada. Abrão é chamado Abraão (pai de povos) quando é escolhido para ser a cabeça genealógica do Povo eleito. Simão, filho de João, é chamado Pedro quando Jesus o constitui pedra fundamental da sua Igreja. A Virgem foi chamada *cheia de graça* porque ia ser constituída Mãe da Divina Graça.

Agora chama-a carinhosamente pelo seu nome, para melhor tranquilizá-la: *Não temas, Maria.*

Achaste graça aos olhos de Deus... Por isso és a Cheia de Graça, por todo o sempre e para sempre. Os homens procuram agradar aos outros, sobretudo aos superiores, aos que os podem favorecer. Mas acontece que os homens superiores – mesmo esses – podem pouco e duram pouco.

Achar graça aos olhos de Deus é granjear o favor dAquele que tudo pode e é eterno. Quantos seres que se julgam infelizes no mundo, porque ninguém lhes dá a menor importância, não seriam felizes se se lembrassem de que Deus se ocupa deles!

Não é verdade, Mãe, que vale a pena desprezar o apreço dos homens, passageiro e vão, para ganhar o apreço de Deus?

Não é verdade que é bonito saber que Deus conhece o nosso nome – o nome de cada um – e o pronuncia carinhosamente?

Segue-se, na resposta do Anjo a Maria, o anúncio da Encarnação.

Ante os olhos estáticos e os ouvidos atônitos de Maria, desfilam imagens e ressoam vozes de Profetas antigos, que tinham falado do Messias futuro e de sua Mãe como o Anjo lhe falava a Ela.

Eis que uma virgem conceberá e dará à luz um filho a quem porá o nome de Emanuel (Deus conosco) – tinha dito Isaías ao rei Acaz (Is 7, 14).

E em outro lugar: *O seu império será grande e a paz sem fim sobre o trono de Davi e no seu reino. Ele o consolidará e o manterá pelo direito e pela justiça, desde agora e para sempre* (Is 9, 6).

Daniel tinha dito: *O seu império é um império eterno que nunca passará, e o seu reino nunca será destruído* (Dan 7, 14).

E Natã prometera a Davi: *A tua casa e o teu reino permanecerão para sempre diante de mim; o teu trono permanecerá firme eternamente* (2 Sm 7, 16).

Pela janela da sua humilde casinha de Nazaré, a Virgem divisou a campina ridente da sua amada Galileia e viu-a, como Isaías, revestir-se de júbilo pela libertação que o Natal haveria de trazer ao mundo inteiro:

> *O povo que andava em trevas*
> *viu um grande resplendor;*
> *sobre os que habitavam uma região tenebrosa*
> *resplandeceu uma luz brilhante.*
> *Multiplicaste a alegria,*
> *provocaste um grande júbilo.*
> *Rejubilam-se diante de ti*
> *como na alegria da colheita,*
> *como exultam na partilha dos despojos.*
> *Quebraste o jugo que pesava sobre eles,*
> *a coleira que lhes oprimia o pescoço*

> *e a vara do feitor,*
> *como no dia de Madiã.*
> *E as sandálias jactanciosas do guerreiro*
> *e os mantos manchados de sangue*
> *foram lançados ao fogo*
> *e devorados pelas chamas.*
> *Porque um menino nos nasceu,*
> *um filho nos foi dado;*
> *a soberania repousa sobre os seus ombros,*
> *e Ele se chamará:*
> *admirável Conselheiro,*
> *Deus forte,*
> *Pai eterno,*
> *Príncipe da paz...* (Is 9, 1-5).

E a Virgem sente tremerem-lhe os braços só de imaginar que um dia embalará esse Menino neles...

3. Por obra e graça do Espírito Santo

> «O Espírito Santo descerá sobre ti e o poder do Altíssimo te cobrirá com a sua sombra; por isso também o que nascer será chamado Santo, Filho de Deus.
> «E eis que também Isabel, tua parente, concebeu um filho na sua velhice, e este é já o sexto mês para aquela que chamavam estéril, porque nada é impossível para Deus.»
>
> (Lc 1, 35-37)

É a terceira e última intervenção do Anjo de Nazaré. Há no seu triplo discurso uma evidente gradação. Primeiro, a saudação que nos fazia pressagiar alguma coisa de importante. Depois, o anúncio que nos acaba de revelar claramente o nascimento próximo do Messias esperado. E agora a certeza do modo: virginalmente.

As palavras do Anjo, esta última intervenção, são literalmente a resposta à dificuldade que Maria acabava de formular: *Como poderá ser isto, se não conheço varão?*

E em qualquer caso – quer o Anjo tenha respondido à dificuldade realmente formulada por Maria, quer o autor do relato tenha introduzido uma para justificar a outra –, a resposta é o claro anúncio de uma conceição virginal. Garante-se a Maria que tudo se passará por obra e graça do Espírito Santo.

O Espírito Santo descerá sobre ti... Não como descia no Antigo Testamento sobre os Juízes ou Profetas. Nem como descerá nos tempos messiânicos sobre os filhos do Reino para santificá-los. Porque assim tinha vindo já sobre a Virgem no momento da sua Conceição Imaculada. Vem agora para fazê-la Mãe do Messias sem intervenção de homem.

E o poder do Altíssimo te cobrirá com a sua sombra... Como a nuvem cobria a Arca da Aliança onde morava o Senhor. O Evangelista emprega exatamente – fá-lo de propósito – a mesma expressão com que o autor do Êxodo descreve aquela consoladora realidade. É que a ação do Espírito Santo vai converter o seio de Maria na Arca da Nova Aliança, que será durante nove meses a morada de Deus feito homem.

E por isso também o que nascer de ti será chamado Santo, Filho de Deus... Jesus, enquanto homem, teria sido Santo e Filho de Deus porque era a Segunda Pessoa da Santíssima

Trindade, independemente das múltiplas formas em que a Encarnação poderia ter-se realizado. Jesus não é Filho de Deus porque o Espírito Santo supriu a ação de um pai terreno. Mas a ação especial do Espírito Santo na sua conceição virginal acentua em Jesus-homem a proximidade e intimidade das relações com Deus, que caracteriza na linguagem bíblica os títulos messiânicos de Santo e Filho de Deus com que será reconhecido.

E eis que também Isabel... Os que recebem mensagens angélicas costumam pedir ao mensageiro um sinal que possa servir-lhes de prova de que foi Deus quem os enviou. Por vezes – como no caso de Zacarias –, essa prova é um castigo pela sua falta de fé.

A Virgem não duvidou nem por um instante de que Deus pudesse fazer o que Gabriel lhe anunciava. E na sua humildade não se julgou com direito a pedir prova alguma.

Mas o Anjo tem consciência de estar prometendo uma coisa inaudita e incrível. E sem que Maria lho peça, oferece-lhe um sinal. Não um sinal que condicione a fé de Maria ou a sua aceitação do plano divino, já que só poderá verificá-lo depois de ter tomado a decisão que agora lhe é pedida. É uma simples prova por meio da qual a Virgem saberá que tudo o que está acontecendo não é pura imaginação: Isabel concebeu um filho apesar da sua esterilidade e velhice. E está já no sexto mês...

Porque para Deus não há nada impossível... Isto já tinha sido dito pelo próprio Javé a Abraão quando lhe anunciara o nascimento de Isaac, e Sara, sua mulher, ria desconfiada (Gn 18, 14).

E tinha-o repetido a Jeremias na conversa que mantivera com ele (Jr 32, 17).

E a tantos outros.

A Virgem já o sabia.

Muito antes de cantar no *Magnificat* que o Todo-Poderoso tinha feito nela grandes coisas.

Ela sabia que a palavra «impossível», tão implacavelmente dura e desesperançadora em todos os dicionários de todas as línguas humanas, não existe no vocabulário de Deus.

E era sobre essa base ilimitada e firme que Maria apoiava os alicerces da sua audaz Esperança.

4. A espada de Simeão

> *Simeão abençoou-os e disse a Maria, sua mãe: «Eis que este menino está destinado a ser causa de queda e de elevação para muitos em Israel, bem como um sinal de contradição; e uma espada trespassará a tua própria alma a fim de que se descubram os pensamentos de muitos corações».*
>
> (Lc 2, 34)

O acento trágico destas palavras de Simeão a Maria contrasta com o cântico de júbilo que o venerável ancião acaba de entoar ao receber nos seus braços trêmulos o Menino em quem descobriu a consolação de Israel há tanto tempo esperada.

Porque o anúncio que faz é dramático para o Menino e para a sua Mãe: Aquele será alvo de contradição, e Esta terá atravessada a sua alma por uma espada de dor. A piedade cristã, em vez de uma, viu sete espadas atravessando o coração da Virgem: são as sete dores mais características da sua vida.

A primeira, o anúncio – claro e nebuloso ao mesmo tempo – de todas elas.

Desde que aceitou ser Mãe do Messias, Maria soube que ia ser a Mãe do Homem das Dores ou Servo de Javé entrevisto por Isaías. Ela sabia que o Profeta pensava no seu Filho quando escrevia:

> *Estava tão desfigurado*
> *que não parecia homem* (Is 52, 14).
> *Desprezado e tido por escória da humanidade,*
> *homem das dores, experimentado em todos os*
>   *sofrimentos,*
> *como aqueles diante dos quais se vira o rosto,*
> *foi menosprezado e tido em nada...*
> *Na verdade ele tomou sobre si as nossas enfermidades.*
> *E nós o reputávamos como um leproso,*
> *ferido por Deus e humilhado.*
> *Mas foi castigado pelos nossos crimes,*
> *e esmagado pelas nossas iniquidades.*
> *O castigo que nos devia trazia a paz caiu sobre ele,*
> *e em suas chagas fomos curados.*
> *Todos andávamos desgarrados como ovelhas,*
> *seguíamos cada qual o nosso caminho.*
> *E o Senhor fez recair sobre ele*
> *o castigo das faltas de todos nós.*
> *Maltratado e afligido, não abriu a boca,*
> *como cordeiro levado ao matadouro,*

> *como ovelha muda diante dos tosquiadores...*
> *Foi arrancado da terra dos vivos,*
> *pelas nossas rebeldias foi entregue à morte,*
> *e foi-lhe dada sepultura entre os malfeitores,*
> *embora não tenha cometido injustiça alguma*
> *nem tenha havido mentira na sua boca.*
>
> (Is 53, 2-9)

O que o Profeta não disse, nem Simeão referiu agora, foi quando essas coisas aconteceriam: quando esse Menino que Simeão tinha nos braços se fizesse adulto, ou em qualquer momento a partir de então?

Por isso, a vida inteira de Maria, e sobretudo a partir desse momento, será um perpétuo sobressalto.

Quando no meio da noite, sigilosamente, José a acordar e lhe comunicar a ordem divina de abandonar Belém e fugir para o Egito porque Herodes vai procurar o Menino para matá-lo, poderá a Virgem dominar a incerteza de saber se não será esse o momento prefixado para a tragédia anunciada?

E como libertar-se dessa mesma angústia quando, aos doze anos, Maria e José perderem o Menino no seu peregrinar anual a Jerusalém por ocasião da Páscoa? Três longos dias, com as suas noites intermináveis, pensando na possibilidade de que um descuido próprio tivesse permitido que o seu Filho caísse nas mãos de possíveis e imprevisíveis assassinos.

E ao longo da vida pública, como estremeceria o seu coração ao saber da trágica morte de João Batista, e ao chegarem-lhe notícias contínuas dos planos dos fariseus para se desfazerem dEle?

Porque todas as mães sabem que os seus filhos podem morrer, mas Maria teve sempre a certeza de que Jesus morreria de morte violenta.

Compreendo, Mãe, quanto te devemos por teres aceitado a maternidade de um Filho que sabias – sem saber quando – que devia morrer assassinado.

Nós costumamos pensar que o *faça-se* da Anunciação te elevou – e é verdade – à maior dignidade com que uma simples criatura pôde jamais sonhar.

Mas compreendo agora que o preço da tua generosa aceitação foi viveres toda a tua vida sob a angústia dessa tremenda incerteza certa, que Simeão cantou – trágica letra para uma canção de ninar – quando tinha o Menino entre os braços nos átrios do Templo.

Não é de estranhar que falasse – e a imagem foi muito pálida – de uma espada de dor que atravessaria a tua alma.

5. As bem-aventuranças de Isabel

> «Bendita és tu entre as mulheres e bendito é o fruto do teu ventre! E donde a mim que a Mãe do meu Senhor venha visitar-me? Porque mal a tua saudação chegou aos meus ouvidos, a criança estremeceu de alegria no meu seio.
>
> Bem-aventurada és tu que creste que se cumpririam as coisas que te foram ditas da parte do Senhor.
>
> (Lc 1, 42-45)

O episódio teve lugar em Ain-Karim, a bela cidade levítica situada a seis quilômetros a oeste de Jerusalém, com os seus hortos em terraços cheios de oliveiras suaves e de ascéticos ciprestes.

Ali vivia com a sua esposa, quando não lhe tocava a vez de atuar no Templo, o ancião Zacarias. As paredes da sua casa eram testemunhas de como *os dois eram justos diante de Deus e caminhavam sem mancha em todos os mandamentos e preceitos do Senhor. Os vizinhos sabiam que eles não tinham filhos porque Isabel era estéril, e os dois de idade avançada* (Lc 1, 6 e 7).

E para lá foi a Virgem visitar Isabel, quando soube pelo Anjo que a sua parente tinha concebido milagrosamente na sua velhice.

E quando Isabel ouviu a saudação de Maria, a criança saltou de alegria nas suas entranhas, e Isabel ficou cheia do Espírito Santo, e exclamou em voz alta, prorrompendo numa série de bem-aventuranças a Maria:

– *Bendita és tu entre as mulheres e bendito é o fruto do teu ventre.*

Unidas à saudação do Anjo da Anunciação, estas duas bem-aventuranças completam a Ave-Maria, a oração mariana por excelência.

Tem razão, Senhora, a boa Isabel.

De agora em diante, todos os que tiverem a Deus por Pai, ter-te-ão a ti por Mãe.

As tuas grandezas darão tema de meditação e estudo aos mais sábios teólogos de todas as épocas. Todas as artes procurarão na tua formosura inspiração para as suas criações mais bem conseguidas, e em tua homenagem – para te renderem preito de vassalagem – vestir-se-ão das suas mais preciosas galas.

Em todos os lugares da terra onde os homens adorarem o divino Emanuel, surgirá a devoção à Virgem sem mancha que o pôs ao nosso alcance.

Os teus santuários atapetarão de campainhas os descampados do mundo.

As almas puras e castas, a porção escolhida da humanidade, pronunciarão o teu nome com amor e dir-se-ão teus filhos.

Onde fica a grandeza das grandes mulheres da História? Que são ao lado da Virgem as mulheres mais famosas de Israel?

Da grande heroína Judit cantou-se:

– *Bendita sejas, filha do Deus Altíssimo, mais do que todas as mulheres da terra!* (Jd 13, 18).

Mas só de Maria é que Isabel pôde dizer:

– *Donde a mim que a Mãe do meu Senhor venha visitar-me?*

Porque só Ela, entre todas as mulheres, chegou a ser consanguínea em linha reta e em primeiro grau do Filho de Deus.

A Virgem trazia-o bem guardado, quando chegou a Ain-Karim e saudou singelamente a sua parente. Mas tudo foi descoberto pelo alvoroço de João nas entranhas de sua mãe. Como se tivesse muita pressa em inaugurar o seu ofício de Precursor.

Ao mesmo tempo, a sua mãe fala sem parar das bem-aventuranças de Maria.

Agora chega a vez de mencionar a fé da Virgem: *Bem-aventurada és tu que creste que se cumpririam as coisas que te foram ditas da parte do Senhor.*

O texto original deste louvor pode ser entendido de duas maneiras:

«Bem-aventurada és tu, porque creste que se cumpririam as coisas que te foram ditas da parte do Senhor!»

Ou então:

«Bem-aventurada és tu que creste, porque se cumprirão as coisas que te foram ditas da parte do Senhor!»

Ambas são verdade.

E sobretudo é verdade – em Maria e em nós – a bem-aventurança da fé.

«Bem-aventurada és tu que creste!» E o pensamento de Isabel ia adiante, estabelecendo o contraste com a incredulidade de Zacarias, que duvidara e, em castigo..., ali estava assentindo com os seus gestos, mas sem poder falar.

«Bem-aventurada és tu, que creste no mais inverossímil!» O que acontecera com Zacarias e Isabel tinha acontecido outrora mais de uma vez: com Abraão e Sara, com os pais de Samuel. O que acabava de se passar com Maria, porém, era novo, inaudito, nunca visto.

«Bem-aventurada és tu que creste!» Jesus não pensaria nEla quando, por contraste com Tomé, que só acreditou depois de ver, disse depois de ressuscitado: *Bem-aventurados os que hão de crer sem terem visto!?*

A Palavra de Deus – esse conjunto de coisas que nos foram ditas da parte do Senhor – é quase sempre Promessa de coisas inverossímeis que nunca pudemos sonhar.

Por isso a fé é quase sempre Esperança.

E Amor. Todo o amor que é necessário para confiar.

O amor que Maria teve.

O amor que eu também quero ter para poder ser, como Ela, bem-aventurado.

6. A enigmática resposta no Templo

> «*Por que me buscáveis? Não sabíeis que devo ocupar-me nas coisas de meu Pai?*»
>
> (Lc 2, 49)

Foi com estas palavras misteriosas que Jesus respondeu à sua Mãe quando se deixou ficar voluntariamente no Templo, e Ela lho censurou docemente depois de três dias de busca.

A resposta do Menino – que é a primeira frase de Jesus à sua Mãe anotada pelos Evangelhos – revela-se dura e enigmática no seu contexto.

Há uma clara contraposição entre o verdadeiro Pai de Jesus, em cujas coisas Jesus diz dever ocupar-se, e aquele que a Virgem chamou delicadamente seu pai terreno, apesar de ninguém como Ela saber que não o era.

Até aqui não há nada de estranho que pudesse surpreender Maria e José, porque ambos conheciam a verdadeira filiação do Menino.

Os demais circunstantes – os que se teriam podido surpreender se tivessem compreendido a significação exata da frase – parecem tê-la entendido em relação a uma filiação metafórica.

Mas o que é grave é que Jesus não responde à pergunta de sua Mãe, que apenas – e muito suavemente – dá a impressão de censurá-lo por ter ficado no Templo sem os avisar. Jesus, por única resposta, diz-lhes que não havia motivo para andarem à sua busca: porque onde podia estar senão ocupado nas coisas de seu Pai?

O Evangelista acrescenta: *Mas eles não compreenderam o que lhes quis dizer.*

O que é que não compreenderam, e por quê?

Se lhes quis dizer que tinha outro Pai a quem obedecer antes que a eles, a coisa não podia ser difícil de entender para Maria e José.

Se pretendeu dizer que tinham perdido o tempo procurando-o fora do Templo, porque era ali que devia estar, a censura não era inteiramente válida, porque Maria e José foram diretamente ao Templo depois da dupla jornada de ida e volta, e Ele não tinha necessariamente que estar ali, se o tivessem sequestrado ou tivesse tido um acidente.

De qualquer maneira, a resposta era dura.

Talvez fosse dura como é intencionalmente dura a pergunta que o professor dirige ao primeiro aluno da classe, para que tenha ocasião de fazer brilhar os seus conhecimentos.

E esta pode ter sido a razão pela qual Maria e José, acostumados a outro estilo nas relações de Jesus com eles, não compreenderam o que lhes quis dizer.

O episódio do Templo é um parêntese breve que pressagia – quebrando momentaneamente o silêncio uniforme da vida oculta – o que acontecerá quando Jesus iniciar o seu ministério público: quebrará com tal manifestação de sabedoria o anonimato dos seus trinta anos na sombra, que os seus conterrâneos terão de perguntar-se surpreendidos onde foi que a adquiriu, e abandonará os seus pais e parentes, quebrando todos os laços carnais para cumprir a vontade de seu Pai que está nos céus.

Como até aquele momento nada fazia suspeitar que fosse fazer tais coisas, e como *imediatamente depois desceu com eles e foi para Nazaré, e era-lhes submisso* (Lc 2, 51), é natural que Maria e José, os únicos a conhecerem a sua natureza divina, mas acostumados a vê-lo comportar-se como uma criança obediente e dócil, se surpreendessem com uma reação que o resto dos espectadores, que desconheciam a sua verdadeira natureza, porventura acharam normal.

Muitos teólogos e exegetas não conseguem compreender que José e Maria – sobretudo Maria – não entendessem o que o Menino lhes quis dizer. E empenham-se em procurar sentidos recônditos na resposta que lhes deu.

Eu não me escandalizo de que a Virgem não entendesse a conduta de Jesus.

Pelo contrário, edifica-me que, sem a entender plenamente, a tivesse aceitado sem hesitar.

Se pretendemos – ainda que à luz de uma teologia profunda – achar perfeitamente razoáveis os caminhos de Deus e os planos da sua Vontade sobre nós, estamos condenados ao fracasso, porque pretendemos encerrar o incompreensível nos minguados limites da nossa compreensão.

É preciso saber jogar alegremente com os olhos vendados.

7. A evasiva de Caná

> «Mulher, que há entre ti e mim? Ainda não chegou a minha hora».
>
> (Jo 2, 4)

A segunda palavra de Jesus à sua Mãe foi em Caná.

No tom de voz e na expressão do rosto com que Maria disse a Jesus: *Não têm vinho*, havia um claro convite para que o seu Filho fizesse o milagre, e uma plena certeza de que o seu pedido seria atendido.

Por isso a resposta de Jesus deve ter-lhe soado extremamente dura.

– *Mulher, que há entre ti e mim? Ainda não chegou a minha hora.*

São João conservou-nos – limitando-se a traduzi-la ao pé da letra para o grego – a expressão aramaica original, que é um modismo semítico praticamente intraduzível sem uma explicação que tenha em conta o contexto: que tem isso a ver contigo e comigo?

A frase não significa o que parece à primeira vista: isso compete-nos a ti e a mim? É antes a negação da relação ou dos pontos de contacto ou de coincidência entre os dois: que tenho eu a ver contigo ou tu comigo?

E assim parece ainda pior.

Mas está na linha de outras expressões de Jesus.

O seu alcance seria, pouco mais ou menos, o que vimos nas palavras que dirigiu aos seus pais quando o encontraram no Templo. Como também na resposta que daria ao saber que a sua mãe e os seus irmãos estavam à sua espera lá fora: «*Quem são a minha mãe e os meus irmãos? [...]. Quem cumpre a vontade de Deus, esse é meu irmão, minha irmã e minha mãe*» (Mc 3, 33 e 35).

Por outras palavras, Jesus aproveita todas as oportunidades que se lhe apresentam para firmar a sua independência em relação aos laços da carne e do sangue. Tinha que dar testemunho de desprendimento familiar Aquele que ia exigi-lo como condição para entrar no Reino dos céus. Um dia dirá: «*Se alguém vier a mim e não odiar* (amar menos do que a mim) *o seu pai, a sua mãe, a sua mulher, os seus filhos, os seus irmãos, as suas irmãs e até a sua própria vida, não pode ser meu discípulo»* (Lc 14, 26). E noutra ocasião: *«Aquele que ama o seu pai ou a sua mãe mais do que a mim, não é digno de mim: e aquele que ama o seu filho ou a sua filha mais do que a mim, não é digno de mim»* (Mt 10, 37).

Não é necessário supor – como alguns pensaram – que Jesus censura de algum modo a sua Mãe.

As suas palavras são uma evasiva.

Ou talvez uma prova, para descobrir os quilates de confiança e de perseverança na oração de Maria.

Pelo menos Ela assim o interpretou; e ninguém poderá entender melhor do que Ela o que Jesus lhe disse.

São Bernardo tem razão: a resposta do Senhor pode parecer dura e seca; mas Ele sabia a quem falava, e Ela não ignorava quem era que lhe falava.

Para calarmos nas intenções de Jesus, nós só temos a letra do Evangelho de São João. Se tivéssemos a frase de Cristo numa fita gravada, talvez o tom de voz nos esclarecesse muito as coisas. E se além disso possuíssemos a cena filmada, certamente o gesto, o sorriso de Jesus dar-nos-iam a interpretação exata das suas palavras. Aquilo que Maria captou.

Porque Ela entendeu que o seu Filho estava disposto a atendê-la, mas, pretextando não ter chegado a sua hora de manifestar-se em público, queria fazer-se rogar.

E Maria insistiu.

Exatamente como sabe que Ele gosta de que lhe insistamos. Com tal confiança e certeza que demos por feito o que humildemente lhe pedimos.

Disse, pois, aos criados: – Fazei o que Ele vos disser.

E Jesus cedeu.

E fez o seu primeiro milagre, que na consideração de todos os cristãos se apresentará sempre unido à intercessão da Virgem, como fundamento incomovível da nossa fé nAquela que Deus quis ter por Medianeira ante o Mediador.

8. A derradeira vontade de Jesus

> *Jesus, vendo a sua Mãe e, junto dEla, o discípulo que amava, disse à sua Mãe: «Mulher, eis aí o teu filho». Depois disse ao discípulo: «Eis aí a tua Mãe». E daquela hora em diante o discípulo a levou para sua casa.*
>
> (Jo 19, 26-27)

Jesus morreu sem fazer testamento.

A verdade é que não tinha muito que repartir entre os seus herdeiros. Tinha chegado a dizer um dia: «*As raposas têm covas e as aves do céu têm ninhos; mas o Filho do homem não tem onde reclinar a cabeça*» (Lc 9, 58).

As suas vestes – as roupas de que fora despojado momentos antes da Crucifixão – pertenciam por costume aos soldados que guardavam os réus, e quatro deles acabavam de repartir entre si – lançando sortes, para não terem que fazê-la em pedaços – a túnica, que era de uma só peça.

Horas antes de ser preso, na Última Ceia, Jesus legara à humanidade inteira o seu Corpo despedaçado e até a última gota do seu Sangue, que seria derramado pela salvação do mundo.

Deixou-nos tudo quanto tinha e tudo quanto era.

Mas não fez o que se chama propriamente testamento.

E ao entreabrir, talvez pela última vez, as pálpebras carregadas pela febre e pelo peso do sangue que os espinhos lhe arrancavam da cabeça, descobriu que lhe ficava ainda por legar o tesouro mais valioso que possuíra na sua vida mortal: a sua Mãe.

Ainda tinha, pois, que dispor de alguma coisa de grande valor.

E fê-lo.

É duplamente piedosa esta derradeira disposição de vontade de Jesus.

Piedosa para com a sua Mãe, que ficava na terra só e desamparada. Nós, os redimidos, dificilmente esqueceremos que Jesus, nos seus últimos momentos, nos encarregou de amá-la como Ele a amou.

E piedosa mais ainda para conosco: *Tendo amado os seus que estavam no mundo, amou-os até o fim* (Jo 13, 1). Pediu perdão para todos nós, alegando que não sabíamos o que fazíamos. A sua Mãe terá também que perdoar-nos, porque acaba de ser constituída Mãe nossa. Ainda que saiba que fomos nós que matamos o seu Filho, não pode guardar-nos rancor.

Feita Mãe dos filhos assassinos, terá que intervir junto do Pai em nosso favor, como a mulher de Técua junto de Davi em favor de Absalão.

Conta o livro segundo de Samuel que, quando Absalão, filho de Davi, matou o seu irmão Amón e o rei quis castigar o assassino, uma mulher de Técua, instruída por Joab, interveio com um curioso estratagema. Disse a Davi: *A tua serva tinha dois filhos. Entraram em briga no campo, onde ninguém os podia separar, e um matou o outro.*

Agora a tua justiça, ó rei, quer vingar no assassino a morte do inocente. Não irá permitir o rei que eu fique sem os dois. Compreendida a intenção alusiva dessas palavras, Davi perdoou a Absalão (2 Sm 14).

Pressinto que é muito mais do que simples literatura a ladainha de invocações com que aclamamos a Virgem: «Esperança nossa... Virgem poderosa... Causa da nossa alegria... Refúgio dos pecadores»!

Se a primeira mulher, Eva, foi a *mãe de todos os viventes*, Deus quis que esta outra mulher, Maria, a segunda Eva, fosse a mãe de todos os regenerados em Cristo.

O seu Filho divino nasceu dEla num parto virginal e indolor. Nós, seus filhos humanos, nascemos dEla causando-lhe grandes dores.

Não tenhais medo, porém, de que vos guarde rancor.

Porque as mães não podem fazê-lo.

E Jesus, ao morrer, fê-la Mãe de todos os pecadores.

É a vontade do Senhor.

E a última.

Atitudes de Maria

Há nos santos muitas coisas admiráveis, que não são imitáveis.

Em Maria, muito mais. Porque nela *fez grandes coisas aquele que é Todo-Poderoso*, coisas que nunca se repetirão. Ninguém depois dEla será concebido em graça sem pecado original. Nenhuma mulher a não ser Ela será a Mãe de Jesus, nem conceberá virginalmente. Ninguém será levado em corpo e alma aos céus antes da Ressurreição final.

Mas as atitudes da sua alma serão imitáveis. A distância em que Deus a situou em relação a nós não diminui a proximidade humana que a faz nossa, da nossa mesma família, do nosso mesmo barro.

E é um lugar-comum dizer que os Evangelistas foram muito parcos em relatar episódios relacionados com a Virgem. Em contrapartida, a gama de atitudes de Maria que nos referem inspiradamente é abundante e rica.

1. Desposada com um varão

O anjo Gabriel foi enviado por Deus a uma cidade da Galileia chamada Nazaré, a uma virgem desposada com um varão chamado José, da casa de Davi.

(Lc 1, 26-27)

A Virgem entra na História com essa humilde carteira de identidade. Profissão: tarefas do lar. Estado civil: desposada.

Como qualquer mulher que nada tivesse de excepcional, Maria, chegada a idade conveniente, desposou-se com um homem.

Eu respeito as lendas. Mas sei que são lendas e inspira-me mais devoção a simplicidade do Evangelista que, pensando nos cristãos anteriores à criação da lenda, diz pura e simplesmente que Maria, no momento da Anunciação, estava desposada.

Provavelmente órfã e filha única, só podia casar-se, conforme a lei de Moisés, com um homem da sua própria tribo.

Um dia, José e Maria começaram a ser noivos.

O silêncio de Maria e dos Evangelistas obriga-nos a imaginar as coisas de acordo com os documentos que possuímos acerca dos costumes de então na Palestina.

Periodicamente, as filhas de família – Maria entre elas –, vestidas de branco, dançavam nos arredores do povoado, dando as mãos umas às outras, e cantavam:

> Observa, rapaz, e escolhe.
> Não te ofusque a beleza,
> mas atende à família.
> Enganosa é a graça, fugaz a beleza.
> A mulher que teme a Deus é digna de louvor.

José, o carpinteiro, distinguiu-a no meio de todas e soube escolher.

E seus pais pediram a mão da Virgem aos parentes ou tutores de Maria.

Ela – serena e gozosamente – deu o sim.

Fixaram o dote ou *mohar* e ficou combinado o casamento. Quando chegou a data marcada, celebraram-se os desposórios, que os constituíam legalmente como marido e mulher, embora devesse passar ainda um ano até que tivesse lugar a solene condução de Maria a casa de José, a fim de começarem a viver juntos.

José entregou a Maria um anel de ouro e disse: «Por este anel, tu és a minha desposada segundo a lei de Moisés em Israel». E assinou-se um contrato escrito.

Depois, nos prazos combinados, José iria levando as peças do *mohar* que, neste caso, por serem ambos pobres e ele carpinteiro, consistiu certamente em móveis para a casa.

Na oficina de José, a serra e o formão adotaram um ritmo mais alegre que antes, e na humilde casinha da Virgem desprendia-se um odor a verniz recente e um aroma de amor recém-estreado.

Porque José e Maria amaram-se intensa e ternamente. Destinava-os Deus a servirem de exemplo para todos os esposos cristãos, cujo amor Jesus havia de elevar a Sacramento. Na verdade, seria desnecessário dizê-lo, mas, tratando-se de Maria e José, convém sublinhá-lo para o caso de ainda haver algum jansenista por este mundo afora.

O amor humano, o amor entre homem e mulher unidos pelo casamento, é uma realidade santa e bela, querida por Deus. Nasceu nos jardins do Paraíso, quando os primeiros pais da humanidade se amaram com o amor mais limpo. Reviveu junto do bocal de um poço, onde Rebeca deu de beber aos camelos do servo de Abraão que ia em busca de esposa para Isaac. Ou nos montes onde

Jacó guardou as ovelhas do seu tio e futuro sogro Labão, para merecer a mão da bela Raquel. Ou nos campos e na eira de Booz, onde Rute a moabita respigava e onde ganhou o coração do avô de Davi.

Um dia brotou, duradouro e para sempre, entre Maria e José.

Durante vários meses, a Santíssima Virgem foi a Santíssima Noiva.

Não o sabíeis?

E é isso que Ela era quando o Anjo a visitou para anunciar-lhe da parte de Deus que ia ser a sua Santíssima Mãe.

2. E o nome da virgem era Maria...

Assim a chamaram seus pais.

E por esse nome a conhecem os anjos, porque assim está inscrita, como a primeira, no Livro da Vida.

Assim a chamava José, e as vizinhas, e os clientes do carpinteiro.

Com esse nome foi recenseada no censo que Herodes mandou fazer para agradar a Augusto.

Era o nome que comovia instintivamente o coração de Jesus quando o ouvia, porque trazia à sua alma a imagem da sua Mãe.

E é também o nome que os cristãos invocam há vinte séculos com amor e confiança. São Bernardo recomenda-o fervorosamente:

«Se se levantarem os ventos das tentações, se tropeçares nos escolhos das tribulações, olha para a estrela, invoca Maria. Se fores sacudido pelas ondas da soberba, da detração, da ambição, da inveja, olha para a estrela, invoca Maria. Se a ira, a avareza ou o deleite carnal impelirem violentamente a nave da tua alma, olha para Maria. Se, perturbado pela recordação da imensidade das tuas culpas, confuso à vista da fealdade da tua consciência, aterrado ante a ideia do horror do Juízo, começares a afundar-te no poço sem fundo da tristeza, no abismo do desespero, pensa em Maria. Nos perigos, nas angústias, nas dúvidas, pensa em Maria, invoca Maria».

Para nós, o nome de Maria está ligado à figura dessa Mulher privilegiada que Deus escolheu da nossa linhagem para Mãe do seu Filho, fazendo-a Imaculada e cheia de graça.

Os Santos Padres e, depois deles, os exegetas dos séculos seguintes, pesquisaram afanosos o valor etimológico desse nome.

Mais de setenta etimologias diferentes!

E todas lhe assentam bem!

Tanta diversidade de interpretações constitui um monumento de devoção à Virgem.

Historicamente, é um fato curioso que nos livros do Antigo Testamento só haja uma mulher que tenha tido esse nome: a irmã de Moisés e de Aarão. Nascida no Egito como os seus dois irmãos, é muito provável que o seu nome, como o destes, fosse de raiz egípcia. E isto talvez explique que, durante séculos, nenhuma mulher hebreia tivesse um nome que traía a sua origem de um país opressor.

Miryam, em egípcio, significa «amada por Deus».

Chamar-se assim combina melhor com a Virgem do que com ninguém.

Edificam-me os esforços dos sábios por descobrir o alcance do nome de Maria. E mais ainda a grinalda de títulos e louvores que, ao explicá-lo, colocam na fronte da Mãe de Jesus.

Mas eu vejo as coisas de outra maneira.

Se nos livros do Antigo Testamento não se mencionou mulher alguma que tivesse esse nome, a não ser a irmã de Moisés, em tempos de Jesus devia ser um nome vulgar e comum, a julgar pelo número de mulheres que o têm no Evangelho.

A Virgem teve um nome muito comum.

E gosto de que fosse assim.

Porque lhe assenta muito bem.

Nada de singular nem de extraordinário aos olhos do mundo. Até no nome Deus quis que Ela nos aparecesse cheia de simplicidade.

Porque era simples.

E por isso... *o nome da virgem era Maria.*

3. Perturbou-se

> *Ao ouvir estas palavras, perturbou-se e pensava no que poderia significar semelhante saudação.*
> (Lc 1, 29)

Foi quando o Arcanjo São Gabriel, enviado por Deus, a saudou chamando-a cheia de graça e assegurando-lhe que o Senhor estava com Ela.

Perturbou-se.

Quer dizer, assustou-se, ruborizou-se.

E havia motivo para isso: a aparição inesperada, as palavras lisonjeiras, a certeza de achar-se na presença de um embaixador de Deus.

Baixou os olhos.

Coloriram-se as suas faces.

Nós, que sabemos o que sabemos, sentimos vontade de gritar-lhe: – Não baixes os olhos, Mãe; deixa que o Pai, comprazido, se olhe neles. Não te suba o sangue ao rosto: Deus precisa dele para formar um corpo nas tuas entranhas puríssimas.

O Evangelista não nos deixa enganarmo-nos sobre o sentido da perturbação de Maria.

Estamos-lhe agradecidos. Porque, apesar de tudo, têm abundado as interpretações piedosas e inexatas.

O seu pudor virginal não se perturba pela presença de um homem, nem a sua mente se perturba pelo receio de um logro diabólico. *Pensava no que poderia significar semelhante saudação.*

Que Deus mande saudá-la, que o Anjo a chame cheia de graça, que o Senhor lhe prometa a sua assistência como aos antigos Patriarcas, é coisa que não cabe na cabeça da humilde aldeã de Nazaré. Estala-lhe alguma coisa por dentro, porque é demasiado para ela. Parece-lhe um sonho.

E a saudação do Anjo é da parte de Deus, do Deus infalível e veraz.

Nós, porém, achamos sempre insuficientes os elogios do mundo adulador e falaz.

A Virgem tem um estilo.

E nós, o nosso.

Ela, toda humildade... e por isso mesmo verdade!

Nós... Como a nossa soberba gosta de enganar-se e de que os outros a enganem, enganando-se ou mentindo!

4. Dirigiu-se apressadamente à montanha

> *Por aqueles dias, Maria levantou-se e dirigiu-se apressadamente à montanha, a uma cidade de Judá, e, entrando em casa de Zacarias, saudou Isabel.*
>
> (Lc 1, 39-40)

Aconteceu imediatamente após a Anunciação.

Maria acabava de receber nas suas entranhas o Verbo feito carne.

Foi a Primeira Comunhão da Virgem.

E a Primeira Comunhão do mundo. A primeira vez que uma criatura humana hospedava dentro de si – e desta vez sem o véu das espécies sacramentais – o Corpo de Cristo.

Não faltarão devocionários, desses de letras grandes e abundância excessiva de exclamações e pontos de reticência, que se estendam em piedosas considerações sobre a ação de graças que a Virgem deu por esta sua primeira Comunhão.

«Considera, alma cristã – dirão –, como a Virgem Nossa Senhora, mal o Anjo desapareceu da sua presença, deixando-a convertida por obra do Espírito Santo em Mãe do Redentor, ficou sumida num profundo e dulcíssimo êxtase de amor, do qual só saiu nove meses depois, quando deu à luz em Belém o Sol da Justiça».

Ainda bem que São Lucas, inspirado pelo Espírito Santo, nos disse a verdade. E a verdade foi muito diferente.

A ação de graças da Virgem pela sua Primeira Comunhão não foi uma contemplação estática, mas um serviço de caridade ao próximo.

O seu Filho havia de dizer mais tarde que o que fizéssemos a um dos seus pequeninos, o faríamos por Ele. Maria adivinhou-o já neste momento com aquele instinto tão claro do divino que havia de caracterizar toda a sua vida. A sua gratidão por Deus, refletida no espelho do amor que o Pai tem por todas as suas criaturas, quebrava-se em caridades. Onde aprendeu o seu sobrinho, o Apóstolo Tiago o Menor, que *a verdadeira religião é visitar os órfãos e as viúvas* (Tg 1, 27)?

Porque Maria levantou-se da «grade da comunhão» para realizar uma obra de misericórdia com Isabel.

Não a vimos impaciente e ruborizada, enquanto o Anjo lhe comunicava, como penhor do seu anúncio, o portento realizado na concepção de João Batista? É que a sua fé não precisava de tais provas para crer.

Mas agora que o Anjo se retirou, toda a sua atenção se concentra naquelas palavras do divino mensageiro que antes não pareciam interessar-lhe.

E decide ajudar Isabel (*sua parente*, chama-a o Anjo; e «prima» interpreta a opinião comum. A diferença de idades sempre me fez pensar que se tratava de tia e sobrinha).

– Pobre Isabel, de idade tão avançada, em tal estado e sem ter quem a ajude!

Maria, que é toda espírito de serviço, empreende a viagem.

Vede-a, gozosa, naquela manhã de primavera, atravessar os campos em flor.

E dobrai os vossos joelhos.

Ajoelhai-vos, sim. Porque estais presenciando a primeira procissão do Corpus Christi. É a primeira vez que o Verbo feito carne passeia pelos caminhos do mundo, oculto num ostensório de ouro e cristal.

Acode-me à memória aquele diálogo idílico entre Jesus e uma alma enamorada:

– Por que queres, bom Jesus, descer ao meu peito manchado e pobre? Não é de prata e pedras preciosas o cibório dourado e limpo que te contém?

– Sim, mas não me ama!

O cristal do teu peito, Virgem Maria, é a inveja dos ostensórios.

Já não é tão milagre a sarça ardente que Moisés viu arder sem se consumir.

Mais milagre é o fogo – sem fumaça – do coração da Virgem, que se derrama em forma de orvalho benéfico sobre os campos do mundo.

Por que não se ateia o fogo cada manhã na minha alma?

A minha lenha está muito verde, não é, Senhora?

Quero pô-la no forno do teu amor, para secá-la.

Primeira procissão do Corpus Christi.

Tudo é igual, menos o passo.

Porque a Virgem ia – diz São Lucas – *apressadamente*. Sem a solenidade litúrgica do passo da procissão. Com a presteza que lhe infundia a urgência do amor.

É preciso fazer o bem depressa.

Muito depressa.

5. E saudou Isabel...

Novamente os devocionários ponderarão a seu modo a humildade de Maria: «Considera, alma cristã, como a Virgem Nossa Senhora, apesar de ser a Mãe do Salvador e Isabel apenas a mãe do Precursor, fez um ato de soberana humildade e adiantou-se a saudar a sua prima».

Mas nós resistimos a um conceito tão rebuscado da humildade de Maria. Não conseguimos imaginar a Virgem fazendo reflexões que a levem a ser a primeira a cumprimentar: «Bem pensadas as coisas, deveria ser ela quem... Mas, enfim, serei eu a primeira a cumprimentar..., para dar exemplo».

Perdão, Senhora!

Não, não!

Talvez nós, que tantas vezes ruminamos os nossos pequenos títulos de grandeza e tão frequentemente declaramos com voz pomposa os nossos direitos, do alto de um pedestal imaginário, talvez nós precisemos descer os degraus desse falso trono em que subimos, para nos igualarmos – muito mais se se trata de nos humilharmos – aos outros.

Mas Tu, não. Tu não precisavas descer nunca para estar no nível do chão. Porque Tu nunca subiste a nenhum palco. Tu te declaravas – porque te sabias – a escrava do Senhor. E por isso mesmo tinhas-te por serva dos servos de Deus. Tudo em ti era simples e chão. Era questão de levantares humildemente os olhos, se era preciso olhar para Deus; ou de estenderes simplesmente os braços e aproximares piedosamente os lábios, se tinhas de beijar a fronte de Isabel e pronunciar com a voz normal de todos os dias a saudação ritual: a paz seja contigo!

E aconteceu que, mal Isabel ouviu a saudação de Maria, a criança saltou de alegria nas suas entranhas e Isabel encheu-se do Espírito Santo (Lc 1, 41).

Como a Igreja faz bem quando invoca a Virgem sob o título de «Causa da nossa alegria»!

A sua conformidade com a mensagem do Anjo, nascida do seu amor a Deus e à humanidade, semeou no seu seio a semente de todas as flores de júbilo que, daí por diante, haveriam de alegrar os desterrados filhos de Eva neste vale de lágrimas.

Bem o vedes. Por onde passa, vai exalando o perfume da alegria. E quem a ouve sente-se repleto do Espírito Santo.

Alegria e Espírito Santo! Os dois grandes Ausentes na algazarra do mundo.

Por que não voltas, Senhora, a visitar-nos, e nos beijas na fronte como a Isabel, e nos dizes de novo como a ela: a paz esteja contigo? Desde que Tu não passas pela nossa terra, os nossos campos de trigo estão transformados em terrenos baldios, cheios de gretas, e nas dobras ressecadas dos nossos lábios gelam-se todos os rebentos de qualquer alegria que queira durar.

A paz contigo! Para nós, a paz é *um* bem. Para o hebreu, a paz era *o* bem, o conjunto de todos os bens. Desejar a paz a alguém era desejar-lhe todos os bens. E fazer a paz era fazer o bem. Quando Jesus chamava bem-aventurados os *pacíficos* – os que fazem a paz –, pensava nos benfeitores, nos que fazem o bem. E como sempre que pensava em coisas boas, sem saber por quê lembrava-se da sua Mãe...

O maior bem que podemos fazer aos nossos irmãos é servir-lhes de ocasião para que se cumulem do Espírito Santo. É, portanto, fazê-los felizes, semear a semente da alegria em seus corações.

Mas não o sabemos fazer. Se tentamos cumulá-los de Deus, é lançando mão de sermões entediantes. Se procuramos alegrá-los, o nosso espírito dissipa-se, como o ar pelos orifícios da flauta.

E seria tão belo unir as duas coisas! Aproximar os homens de Deus e promover em seus corações uma dança de alegria... Semear, Mãe, como Tu, à nossa volta, alegria e Espírito. Que quem nos visse, se alegrasse; que quem ouvisse as nossas palavras, se sentisse repleto do Espírito Santo...

Mas não sabemos, Senhora. Eu não sei. Vale-me Tu, Santa Maria!

6. E permaneceu com ela três meses

Se não faço mal as contas, o Evangelista quer dizer que Maria ficou na residência de Zacarias e Isabel, em Ain-Karim, até Isabel dar à luz.

Fora para isso que viera: «Posso atendê-la. Ajudo-a a preparar as coisas para quando o menino nascer, e de passagem aprendo para quando vier o meu».

Assim pensou sem dúvida a Virgem, quando se pôs a caminho da região montanhosa de Judá.

Nós a conhecemos bem. E não nos custa imaginar o resto.

Como não há água corrente na casa, Maria vai buscá-la à fonte cada manhã, um cântaro à cabeça, outro na mão.

Lava a roupa no rio.

Mói o trigo no jardim da casa, fazendo girar uma pedra redonda sobre a outra.

Amassa o pão e coze-o debaixo das cinzas.

Compõe os pratos e prepara a mesa.

Depois, os três almoçam, elas silenciosas por respeito para com a mudez forçosa do ancião Zacarias.

Ao longo da tarde, as duas costuram.

Cumpriu-se o tempo e Isabel deu à luz um filho. Os vizinhos e parentes souberam que o Senhor lhe tinha feito uma grande misericórdia e felicitavam-na (Lc 1, 57 e segs.).

A primeira felicitação foi dos lábios de Maria.

Mais oito dias em Ain-Karim até a data da circuncisão do menino.

Nesses dias, Maria continua a atender Isabel cheia de solicitude.

E cuida do recém-nascido.

Passados oitos dias, circuncidaram o menino e queriam chamá-lo Zacarias, como o pai. Mas a mãe interveio e disse:

– Não! Vai chamar-se João.

Replicaram-lhe:

– Nenhum dos teus parentes se chama assim.

Perguntaram ao pai por sinais como queria que se chamasse. Ele pediu uma tabuinha e escreveu: «João é o seu nome». Todos ficaram estranhados.

Naquele momento soltou-se a sua língua, e começou a falar bendizendo o Senhor.

Os vizinhos ficaram estupefatos. E a notícia correu por toda a montanha da Judeia. E todos os que a ouviam diziam: «Que virá a ser este menino?»

Porque a mão de Deus estava com ele.

E Zacarias, seu pai, encheu-se do Espírito Santo e profetizou:

> *Bendito seja o Senhor, Deus de Israel,*
> *porque visitou e redimiu o seu povo,*
> *e suscitou-nos um poderoso Salvador*
> *na casa de Davi, seu servo;*
> *conforme anunciara pelos seus santos profetas*
> *que floresceram em todos os séculos passados;*
> *para livrar-nos dos nossos inimigos*
> *e das mãos de todos os que nos odeiam.*
>
> (Lc 1, 59-75)

E o comentário prolonga-se entre os três.

Não muito, porque já era tempo de Maria regressar a Nazaré.

E a Virgem voltou para casa.

7. E deu à luz o seu filho primogênito

Passada a crise angustiante de José e celebrada a solene condução de Maria a casa do seu esposo, começaram os preparativos das coisas necessárias para o Menino que ia nascer.

Mas o homem propõe e Deus – valendo-se de outros homens – dispõe. E às vezes até descompõe.

A voz do arauto ressoou pelas ruas estreitas de Nazaré: «Por ordem do rei Herodes faz-se saber que, por prescrição do imperador Augusto, todos os súditos do seu reino deverão recensear-se. Saibam todos que devem pôr-se a caminho com a maior brevidade para que cada família se registre no seu lugar de origem».

São Lucas relata-o brevemente: *Saiu um decreto do imperador Augusto, ordenando o recenseamento de toda a terra. Este foi o primeiro censo que se fez sendo Cirino governador da Síria. E todos iam alistar-se, cada um na sua cidade* (Lc 2, 1-3).

As conversas em todos os grupos e em todas as casas eram murmurações e imprecações. A soberba do imperador e o servilismo do usurpador Herodes vinham infectar a ferida aberta meio século antes no orgulho do povo pela intervenção de Pompeu nos assuntos internos dos judeus, com a consequente submissão prática da Palestina ao domínio estrangeiro.

Maria e José não murmuram.

A fé que tinham fá-los ver nas manobras dos homens a mão de Deus, que mexe providencialmente os fios da História.

Sabiam do mistério, mas ignoravam quais seriam os planos de Deus em concreto, e mais de uma vez se teriam perguntado como é que o Menino havia de nascer em Belém, de acordo com as profecias, se eles viviam em Nazaré. E na voz do arauto acabavam de ouvir a resposta de Deus.

Também José subiu da Galileia, da cidade de Nazaré, à Judeia, à cidade de Davi, chamada Belém, para se alistar com a sua esposa Maria (Lc 2, 4).

A viagem – uns 150 quilômetros – naquelas circunstâncias não foi pesada para a fé de ambos os esposos e para a certeza da presença do Filho de Deus.

E estando eles ali, completaram-se os dias dela, e deu à luz o seu filho primogênito e, envolvendo-o em faixas, reclinou-o num presépio, porque não havia lugar para eles na hospedaria (Lc 2, 6 e segs.).

A tradição fala de uma gruta, e alonga-se em detalhes sobre a repulsa dos betlemitas, que não quiseram hospedar em suas casas os santos esposos.

Mas o Evangelho não diz nada disso. Nem de Maria e José terem buscado hospedagem de porta em porta, nem de se terem abrigado numa gruta. Tudo faz pensar que se dirigiram diretamente a um khan ou caravançará, espécie de pousada pública ou lugar de abrigo para as caravanas. Belém dispunha de um desde os tempos de Davi.

Era uma espécie de curral ao ar livre, circundado por um muro, onde se amontoavam em estranha mistura homens e animais, como ainda hoje se pode ver em albergues de beduínos. Nos mais importantes – como este de Belém, que era lugar de passagem obrigatória para as caravanas que se dirigiam ao Egito –, costumava-se construir ao longo do muro mais banhado pelo sol uma espécie de cobertura que protegia das chuvas e do sol. Às vezes, para maior comodidade, esse recinto era fechado com tabiques modestos ou construíam-se quartos na parte superior, facilitando-se a subida por uma escada rudimentar apoiada no muro.

O uso do artigo definido e o vocábulo empregado por São Lucas fazem-nos pensar nesta hospedaria, e mais concretamente no recinto fechado. Foi aqui talvez – nos quartos mais modestos do khan – que já não havia lugar quando Maria e José chegaram. E por isso tiveram que instalar-se num canto qualquer do curral; quando o Menino nasceu, a Virgem não teve à mão para recliná-lo senão uma vulgar manjedoura com palha ou feno.

Ali, rodeado de camelos e asnos, que se misturavam com grupos de pessoas envolvidas em toscas mantas ou nos próprios arreios dos animais, nasceu da Virgem Maria o Filho de Deus feito homem.

Ao dizer que era o seu primogênito, o Evangelista sublinha – como afirma São Jerônimo – «não que Maria depois tivesse tido outros, mas que antes não tinha tido nenhum». A expressão tem um marcado valor jurídico segundo a lei de Moisés: era o herdeiro e devia consagrar-se especialmente ao culto de Deus, que já antes de Moisés era exercido pelos primogênitos. (São Lucas prepara assim o episódio da Apresentação no Templo.) O termo tem o mesmo sentido que a inscrição que se encontrou sobre o sepulcro de uma jovem mãe hebreia, que morreu de parto no Egito no ano 5 antes de Cristo, e que põe na boca da mãe defunta, que evidentemente não teve mais filhos depois, estas palavras: «O destino conduziu-me ao termo da minha vida entre as dores de parto do meu filho primogênito».

A Virgem, pois, envolveu o Menino nos panos primorosamente preparados de antemão e reclinou-o numa manjedoura.

E não se assustou com a pobreza, porque sabia que Ele, *sendo rico, se fez pobre por amor de nós, para que nós fôssemos ricos pela sua pobreza* (2 Cor 8, 9).

8. Junto de Jesus, Maria

> *E foram a toda a pressa, e encontraram Maria e José e o Menino deitado na manjedoura.*
> (Lc 2, 16)
>
> *Entraram na casa e viram o Menino com Maria, sua mãe; e, prostrando-se, o adoraram.*
> (Mt 2, 11)
>
> *Estava, junto da cruz de Jesus, sua Mãe.*
> (Jo 19, 25)

Os pastores primeiro e os Magos depois encontraram Jesus em companhia de sua Mãe.

Não é de estranhar.

E também não é nada de estranhar que atravessasse pela primeira vez os umbrais do Templo, para a sua Apresentação ao Senhor e para a Purificação da sua Mãe, levado em braços por Maria (cf. Lc 2, 22-25). Nem surpreende que o Anjo dissesse por duas vezes a José – quando tiveram de fugir para o Egito e quando regressaram – que tomasse consigo o Menino e sua mãe (Mt 2, 13-23).

Assim tinha que ser então, porque o Menino era pequeno.

Mas continuará a ser assim quando Jesus começar o seu ministério público e quando estiver prestes a consumar a Redenção na Cruz.

E isto já pode ter – e tem efetivamente – um profundo alcance teológico.

A primeira manifestação da glória de Jesus, a partir da qual os discípulos *creram nEle* (Jo 2, 11), foi o milagre das bodas de Caná. E o relato do Evangelista começa assim: *Três dias depois, celebravam-se umas bodas em Caná da Galileia, e ali estava a mãe de Jesus. Jesus também foi convidado para as bodas com os seus discípulos.*

Ela estava ali e Ele também foi convidado.

Simples coincidência? Não, não. Providência de Deus, que assim o quis. Para que o primeiro milagre de Jesus fosse realizado a instâncias de Maria. Para que se visse que a presença da Virgem num lar ou numa alma atrai Jesus com Ela.

Não sei onde li – e pareceu-me uma grande verdade – que o casamento é como as duas margens de um rio, e a ponte, Deus: enquanto a ponte subsistir, as margens estarão unidas. É por isso que recomendo a todos os noivos que conheço que – como os de Caná – convidem a Senhora para o seu casamento e a instalem no seu lar, certos de que com Ela virá Jesus, para garantir a solidez da sua ponte.

E na vida de cada um acontece a mesma coisa.

Talvez seja por isso que a piedade popular e a teologia sempre coincidiram em sustentar que a devoção a Maria é sinal de predestinação.

E, na verdade, a história das conversões está cheia de casos em que um leve rescaldo de piedade mariana – oculto entre as cinzas de um total abandono dos deveres religiosos – serviu de «gancho» à graça, para conseguir o definitivo reencontro com Deus.

Finalmente, como na infância de Jesus e como no começo do seu ministério público, Maria também aparece junto de Jesus ao consumar-se a obra redentora.
Estava, junto da cruz de Jesus, sua Mãe.
Aqui na Cruz, é ao contrário de Caná.
Junto de Jesus, Maria. Junto do segundo Adão, a nova Eva.
Não é bom que o homem esteja só; vou fazer-lhe uma ajuda semelhante a ele – disse Deus no princípio (Gn 2, 18). E desde então a mulher ficou associada ao homem para mal e para bem.
A ruína entrou no mundo por um homem e uma mulher. Porque *todos foram constituídos pecadores pela desobediência de um só*, segundo ensina São Paulo (Rm 5, 19); mas a seu lado estava a primeira mulher, que seria a mãe de todos os viventes gerados em pecado.
O mesmo acontece na reabilitação.
Todos serão constituídos justos pela obediência de um só, Cristo Jesus; mas Deus quis que, junto dEle, estivesse a segunda Eva, para que fosse a Mãe de todos os que dali por diante seriam regenerados em Cristo.
Se Maria esteve sempre associada tão intimamente a Jesus em vida, não nos deve surpreender a sua Assunção em corpo e alma, nem a sua missão nos céus como Medianeira universal de todas as graças.
Se Deus quis precisar dEla para formar um corpo, e viver nove meses no seu seio, e começar a crescer alimentando-se no seu peito, e aprender a andar agarrado à sua mão, e fazer a seu pedido o primeiro milagre, e tê-la de pé ao seu lado quando morria na Cruz, como não há de tê-la junto de si no Céu?

9. Purificação e apresentação

> *Quando, segundo a lei de Moisés, se completaram os dias da purificação, levaram Jesus a Jerusalém para o apresentarem ao Senhor, conforme está escrito na lei do Senhor: «Todo o primogênito do sexo masculino será consagrado ao Senhor», e para oferecerem o sacrifício prescrito pela lei do Senhor: um par de rolas ou dois pombinhos.*
>
> (Lc 2, 22-24)

José e Maria, não menos que Zacarias e Isabel, eram – como escreveu Lucas destes últimos – *justos diante de Deus e caminhavam sem mancha em todos os mandamentos e preceitos do Senhor* (Lc 1, 6).

Depois de Jesus ter nascido em Belém e de ter sido circuncidado oito dias após, Maria e José tiveram que cumprir outra dupla prescrição da Lei de Moisés: a que estabelecia a purificação ritual da mãe quarenta dias depois de ter dado à luz um filho homem; e a que prescrevia a apresentação e oferta do primogênito do Senhor.

Nenhuma destas duas leis obrigava os santos esposos.

O parto virginal da Virgem preservara-a da menor sombra de impureza legal, e é evidente que Jesus não estava sujeito à Lei nem tinha que pagar nenhum resgate ou tributo ao Templo, de que estava isento por ser Filho de Deus, como Ele próprio dirá mais adiante a Pedro (Mt 17, 24-27).

Mas Maria não andou em busca de razões que a eximissem da Lei, nem neste caso teria podido eludir o seu cumprimento sem revelar o mistério que silenciava cuidadosamente.

E, assim, foi ao Templo para o rito da Purificação e para a Apresentação do seu Filho.

Os esposos de Nazaré compareceram como pobres para cumprir o rito da Purificação. Não eram tacanhos, nem com os homens nem, menos ainda, com Deus. Mas só tinham recursos para a taxa dos pobres: um par de rolas ou dois pombinhos.

Dá vontade de nos perguntarmos – porque, às vezes, como neste caso, não se sabe – quem são os pobres e quem são os ricos...

Reclinado sobre o peito de Maria, Jesus entrou pela primeira vez no Templo. Quando os repatriados do cativeiro de Babilônia o reconstruíam pobremente em tempos de Zorobabel e recordavam a suntuosidade do primeiro, levantado por Salomão, o Profeta consolava-os anunciando-lhes este momento: *Grande será a glória desta casa, a da segunda maior que a da primeira, diz Javé Sabaot* (Ag 2, 9). E Malaquias predissera: *De repente virá ao seu Templo o Senhor a quem vós procurais e o Anjo da Aliança que vós desejais* (Ml 3, 1).

Nesse Templo em que se tinham oferecido durante séculos sacrifícios incapazes de santificar, Jesus inicia – nos braços de Maria – o ofertório do seu grande sacrifício redentor.

Da oferenda pelo resgate de Jesus – os cinco siclos de prata –, o Evangelho não nos diz nada. É que o resgate do Primogênito neste caso, se houve, teve que ser simbólico.

Jesus não pode ser substituído por nenhum levita.

Está para sempre dedicado *às coisas de seu Pai*.

E Maria terá consciência disso ao longo de toda a sua vida, para consolo e exemplo de todas as mães cujos filhos ou filhas Deus venha a chamar para o seu serviço exclusivo.

10. E os seus pais costumavam ir todos os anos a Jerusalém na festa da Páscoa

O episódio do Menino perdido e achado no Templo é rico em atitudes exemplares de Maria. Ela, que foi sem dúvida a fonte do Evangelista da infância de Jesus, soube referi-las encerrando-as numa série de verbos no plural. Assim, ao mesmo tempo que se escondia delicadamente, fazia constar os piedosos sentimentos de José e exprimia a real harmonia entre aquelas duas almas gêmeas.

Os israelitas tinham obrigação de ir em peregrinação a Jerusalém, sede do único Templo legítimo dos judeus, em três ocasiões por ano, segundo a lei mosaica: na Páscoa ou festa dos Ázimos, na festa das Semanas ou Pentecostes, e na dos Tabernáculos ou Tendas.

Mas a prescrição só afetava os homens. Maria não estava obrigada.

As crianças, por sua vez, só ficavam sujeitas a essa lei a partir da puberdade, fixada para os filhos homens aos treze anos e um dia. Jesus tinha na altura apenas doze.

Finalmente, a obrigação só devia ser estritamente cumprida quando se residisse a um dia de caminho de Jerusalém. Ora, Nazaré ficava a três ou quatro dias de distância da Cidade Santa.

A expressão do Evangelho segundo a qual José e Maria iam a Jerusalém todos anos, por ocasião da festa da Páscoa, mostra claramente que a Sagrada Família não se atinha à lei do mínimo em matéria religiosa. É um dado que o Evangelista não sobrecarrega com ponderações piedosas – como Maria não o fez ao referir o episódio – porque deviam ser muitos os israelitas que faziam o mesmo, sem se sentirem estritamente obrigados a subir a Jerusalém.

Vem a propósito este exemplo para confundir a nossa tacanhice quanto à prática religiosa.

Somos inclinados a condenar o escrúpulo dos fariseus quando se enredavam nas malhas intermináveis da casuística para delimitar os preceitos. Mas caímos na mesma falta – ou talvez pior – quando vamos para o extremo oposto e tratamos por todos os meios de limitar e até de minimizar as nossas obrigações religiosas.

É necessário distinguir entre a obrigação que não existe e a devoção que se acaba por erigir em lei. Mas que ninguém condene a devoção que foi além da lei escrita.

E queira Deus que, esclarecidos os devidos limites, a devoção continue a exigir-nos por dentro o que a Lei não nos impõe por fora.

11. Onde te escondeste?

> *O menino Jesus ficou em Jerusalém sem que os seus pais o percebessem [...], e eles o procuraram entre parentes e conhecidos. Mas, não o encontrando, voltaram a Jerusalém à sua procura e, ao cabo de três dias, encontraram-no no Templo.*
>
> (Lc 2, 43-46)

Coisas de Deus!
Deus gosta de brincar de esconde-esconde.

O Transcendente, ao encarnar-se, meteu-se na História. O Invisível deixou-se ver e habitou entre os homens na casa de Maria e José.

Mas quer que os homens o procurem.

E por isso, de vez em quando, perde-se.

Da ausência de Deus sabem os homens sem fé.

E os homens de fé também.

E até as almas místicas, as que mais experiência têm de Deus, falam de noites escuras em que o Amado se ausenta.

Maria gozou como nenhum mortal da presença de Deus. Durante nove meses, no seu seio. Por muito tempo, nos seus braços. Anos inteiros, na sua casa, sob o mesmo teto.

Mas se a fé da Virgem tinha de ser modelo para todos os filhos da Igreja, Deus não podia poupar-lhe, mesmo sem culpa, as torturas da ausência.

E Jesus deixou-se perder.

E Ela teve que procurá-lo com angústia e sem êxito durante dois dias, para encontrá-lo ao fim do terceiro.

O seu tormento e desconsolo, o caminhar ansioso da busca, as perguntas aflitas aos transeuntes e os recados para o caso de o encontrarem, eram bem conhecidos da Esposa do Cântico dos Cânticos:

> *Durante as noites no meu leito,*
> *busquei o Amado da minha alma;*
> *procurei-o sem o encontrar.*
> *Vou levantar-me e percorrer a cidade,*
> *as ruas e as praças,*
> *em busca do Amado da minha alma.*

> *Procurei-o e não o achei.*
> *As sentinelas encontraram-me*
> *quando faziam a ronda da cidade:*
> *— Vistes o Amado da minha alma?*
> *Mal passara por eles,*
> *encontrei o Amado da minha alma.*
> *Segurei-o e não o largarei.*
>
> (Ct 3, 1-4)

E em outro lugar:

> *Abri ao meu bem-amado,*
> *a minha alma saiu em sua busca.*
> *Procurei-o e não o achei;*
> *chamei-o e não me respondeu.*
> (Ct 5, 6)
> *Eu vos conjuro, filhas de Jerusalém:*
> *se encontrardes o meu Amado,*
> *que lhe haveis de dizer?*
> *Dizei-lhe que estou enferma de amor.*
>
> (Ct 5, 8)

É natural que, ao perguntarem pelo Menino, as pessoas pedissem à Virgem que o descrevesse para poderem reconhecê-lo:

> *Que distingue o teu Amado dos outros,*
> *ó mais bela das mulheres?*
> *Que distingue o teu Amado dos outros,*
> *para que assim nos conjures?*
> *— O meu Amado é fúlvido e louro,*

> *distingue-se entre dez mil.*
> *A sua cabeça é de ouro puro;*
> *as suas madeixas, negras como o corvo.*
> *Os seus olhos são como pombas*
> *à beira dos regatos [...].*
> *As suas faces são um jardim perfumado*
> *onde crescem plantas odoríferas.*
> *Os seus lábios são lírios*
> *que destilam mirra fluida.*
> *As suas mãos são aros de ouro*
> *incrustados de pedrarias.*
> *O seu corpo é um bloco de marfim*
> *recoberto de safiras [...].*
> *O seu aspecto é como o do Líbano,*
> *esbelto como os cedros [...].*
> *Assim é o meu Amado, o meu Amigo,*
> *filhas de Jerusalém!*
> *– Para onde foi o teu Amado,*
> *ó mais bela das mulheres?*
> *Para onde se retirou o teu Amado?*
> *Nós o procuraremos contigo.*
> (Ct 5, 9; 6-1)

Os mesmos sentimentos dominam a alma mística, cuja noite é descrita por São João da Cruz nas inspiradas estrofes do seu *Cântico Espiritual*:

> Onde te escondeste,
> Amado, e me deixaste com gemido?
> Como o cervo te foste,

tendo-me ferido;
saí por ti clamando, e já te tinhas ido.

Pastores que subirdes
lá pelas malhadas ao outeiro!
Se porventura virdes
Aquele a quem mais quero,
dizei-lhe que adoeço, peno e morro.

Buscando os meus amores,
irei por esses montes e ribeiras.
Não apanharei as flores,
nem temerei as feras,
e passarei os fortes e fronteiras.

Os passos da Virgem, a concatenação dos seus sentimentos são modelo exemplar para nós, que com tanta frequência perdemos Jesus – a sua graça ou a intimidade da sua presença – por culpa própria.

Não é verdade que muitas vezes nem sequer sentimos a ausência?

E onde está em nós a ânsia angustiante de procurá-lo?

Dize-o aos brados, Mãe.

Dize-nos que estar com Deus é o doce Paraíso, e estar sem Ele será o inferno.

Dá-nos o instinto de procurá-lo no Sacrário, onde nunca deixa de estar.

Infunde-nos humildade para interrogarmos os pastores e os guardas que o Espírito Santo colocou para reger a sua Igreja.

12. Meditava no seu coração

> *Maria conservava todas estas coisas, meditando-*
> *-as no seu coração.*
>
> (Lc 2, 19)
>
> *A sua mãe guardava todas estas coisas no seu coração.*
>
> (Lc 2, 51)

Por duas vezes o Evangelista alude a esta atitude de Maria: em Belém, na noite de Natal, e em Nazaré, quando regressa de Jerusalém depois de ter perdido e achado Jesus.

A insistência do Evangelista parece um eco da repetida reflexão de Maria, que teve necessariamente de ser a fonte de informação imediata para os relatos da infância de Jesus.

Segundo este testamento autobiográfico, de valor incalculável, Maria meditava sossegadamente e em silêncio por longas horas.

Sentia necessidade de fazê-lo.

Porque não tinha tempo para assimilar tantos mistérios e tantas maravilhas ao ritmo vertiginoso dos acontecimentos.

Em Belém, a escuridão silenciosa do humilde nascimento do Filho de Deus num presépio tinha sido repentinamente quebrada pela claridade fulgurante das aparições angélicas, e pela presença loquaz de uns pastores, que falavam sem parar em torno do Menino.

Depois, em Jerusalém, a resposta dura e seca de Jesus no Templo, manifestando abertamente a sua independência em relação aos seus pais terrenos, contrastou surpreendentemente com a sua decisão de voltar com eles para Nazaré e estar-lhes sujeito.

Era tudo muito difícil de entender.

Que queria dizer Deus com essas coisas?

Porque a Virgem sabia – antes de que o dissesse o Concílio Vaticano II – que Deus se nos revela e nos manifesta a sua vontade «com atos e com palavras intimamente relacionados entre si, de maneira que as obras realizadas por Deus manifestem e confirmem o ensinamento, e ao mesmo tempo as palavras proclamem as obras e o mistério nelas contido» (Const. *Dei Verbum*, n. 2).

Umas e outras – as palavras e as obras de Deus – merecem e precisam de uma meditação assídua da nossa parte, se queremos perceber na sua integridade a mensagem que contêm.

Deus fala e atua constantemente. Mas a pobre inteligência humana, se quer responder como é devido nesse diálogo inefável que o Senhor inicia, tem que remansar de vez em quando a corrente bailarina do acontecer e do pensar, para remoer o que percebe incessantemente.

É o que a Virgem fazia: conservava e meditava.

As coisas que Deus faz saem sempre impregnadas do perfume das suas mãos. Cabe-nos a nós conservar esse perfume num lugar em que o vento da dissipação não o volatilize. É preciso fechar as portas e vedar as juntas das janelas.

Maria ceifava umas vezes, respigava outras, armazenava sempre. Não havia perigo de que uma só partícula de bem passasse por Ela sem frutificar.

E, depois, meditava no seu coração.

E nós?

O profeta Jeremias tinha dito que *o mundo se perde porque não há quem pense no seu coração*.

A nós, corroem-nos a pressa e a ânsia jornalística de novidades.

Falta-nos calma para ruminar.

E a consequência é que não assimilamos, e apodera-se de nós a anemia.

Não insistirei no pormenor de que a Virgem ponderava as coisas precisamente *no seu coração*. Porque, na linguagem bíblica, o coração não é a forja do amor, como entre nós, mas a sede do entendimento. Só que o entendimento, para os hebreus, é sempre entendimento-sapiência, é saborear. A ciência pura, a metafísica abstrata, são coisas tão alheias à mentalidade hebreia que o seu dicionário clássico não tem sequer um nome para designá-las.

A Virgem meditava raciocinando, mas calidamente, com amor.

Porque Ela já sabia – antes de que Santo Inácio de Loyola o escrevesse – que «não é o muito saber que cumula e satisfaz a alma, mas o sentir e o saborear as coisas internamente».

Pede para nós, Senhora, espírito de recolhimento, com o qual aprendamos a ceifar e a respigar... e a guardar na arca das recordações – onde nunca percam o seu aroma – as palavras, ações e gestos do Senhor.

Ensina-nos a contrastar com eles os nossos critérios de vida.

E faz que pensemos sempre com o coração.

Atitudes em face de Maria

Os homens e mulheres que viveram perto da Senhora experimentaram certamente, no trato com Ela, o que teria sido a convivência humana se não tivesse existido o pecado original.

Mas os Evangelhos são extremamente sóbrios em relatar o influxo da presença de Maria sobre os seus vizinhos e contemporâneos. Só no caso da visita a Isabel é que se diz que a saudação de Maria fez saltar de alegria a criança que Isabel trazia no seu seio e inundou esta do Espírito Santo.

A modéstia e simplicidade da Virgem fez com que ninguém no mundo, enquanto nele viveu, suspeitasse da sua grandeza.

E por isso todos se comportaram diante dEla com absoluta normalidade.

Veremos quatro atitudes em face de Maria: a das pessoas da rua, a da Igreja primitiva, a do seu esposo São José e a do próprio Jesus.

1. As pessoas da rua

A atitude predominante nos conterrâneos de Maria foi a de verem nEla uma mulher simples e normal, como Ela quis ser e se esforçou por parecer. Nada de extraordinário que pudesse deixar transparecer a sua condição singular.

Neste sentido, os habitantes de Nazaré referiam-se a Ela para negar a Jesus a categoria de Rabi que pareceu querer assumir na sinagoga: *Não é este o artesão, o filho de Maria? Não é este o filho do artesão? A sua mãe não se chama Maria?*

Deviam pensar o mesmo os ouvintes de Cafarnaum, quando Jesus lhes disse na sinagoga que Ele era o Pão descido do céu. *E diziam: «Este não é Jesus, filho de José, cujo pai e cuja mãe conhecemos? Como pode dizer agora: Desci do céu?»* (Jo 6, 42).

Só uma mulher da turba, arrebatada certa vez pela divina eloquência de Jesus, pronunciou um elogio atrevido de sua Mãe. *Estando Ele a dizer estas coisas, uma mulher da multidão levantou a voz e disse: «Bem-aventurado o ventre que te trouxe e os peitos que te amamentaram». Mas Ele disse: «Bem-aventurados antes os que ouvem a palavra de Deus e a guardam».*

Os colecionadores de frases célebres não saberão nunca que nome pôr entre parênteses debaixo desta bem--aventurança, a expressão mais graciosa que lábios humanos proferiram em relação à Mãe de Deus.

Compreendemos que São Lucas, o Evangelista que mais faz intervir as mulheres na vida de Jesus, silenciasse o nome da mulher pecadora que ungiu os pés do Mestre em casa de Simão; os homens tê-la-iam olhado sempre com os olhos oblíquos do fariseu, apesar do convite de Jesus para que a olhassem de outra forma. É compreensível que João não nos dissesse como se chamava a mulher adúltera que os judeus levaram a Jesus e que Jesus perdoou.

Mas, por que Lucas silenciou o nome desta mulher valente, que rasgou com uma aclamação entusiástica a densa atmosfera de hostilidade com que os fariseus pretendiam asfixiar Jesus depois da cura do endemoninhado mudo? Por que deixar no anonimato esse raio de luz que, filtrando-se pela janela de um coração de mãe, iluminou o negrume da inveja farisaica? Como sempre, foi uma mulher quem enfrentou, com uma valentia que os homens não tiveram, a indignação e o ódio dos inimigos de Cristo, para defendê-lo.

Teríamos gostado de saber o seu nome. E esse nome teria passado à história como o de Madalena, ou o de Salomé, ou o de Maria, mãe de Tiago, ou o das duas irmãs de Lázaro, Marta e Maria, que tantas vezes hospedaram Jesus em Betânia...

Mas São Lucas, o Evangelista das mulheres, não disse o seu nome.

Talvez porque não era preciso.

Porque é um símbolo.

Todos conhecemos essa mulher dentre a multidão, anônima como a mulher forte celebrada pelo autor inspirado do Livro dos Provérbios. É a mulher, mãe ou não, mas sempre mãe, que põe em todas as guerras uma nota de paz, em todas as dores uma consolação, e em todos os ódios amor.

Não traz o seu nome inscrito junto da auréola, como os santos nos mosaicos bizantinos. Mas conhecemo-la todos, conhecemos essa *santa mulher da turba* que foi ou é a nossa mãe, a nossa companheira, a mãe dos nossos filhos.

É essa mulher da turba a que melhor pode compreender e mais direito tem de cantar a Mulher com maiúscula, a Mãe de Deus e dos homens, a Rainha da paz, Consoladora dos aflitos e Mãe do Amor Formoso.

Bem-aventurado o ventre que te trouxe...! Louvor de mulher santamente invejosa daquela Mulher que teve a sorte de ser providencialmente escolhida para Mãe de tal Filho. Louvor da maternidade dirigida à mais excelsa de todas as mães.

Eva foi mãe de todos os viventes, porque o seu seio tornou possível todas as outras maternidades na terra. Maria é muito mais a Mãe de todos os viventes, porque trouxe no seu seio o Autor da vida natural e sobrenatural. Se pelos frutos se conhece a árvore...

Alegra-me que este louvor proceda de uma mulher que talvez não conhecesse a Virgem, e gosto de ver que lhe é arrancado pela admiração por Jesus.

Assim ficarão tranquilos esses nossos irmãos – separados ou não – que veem por toda a parte exageros na devoção à Virgem, como se temessem que o amor e o culto pela Mãe suplantassem idolatricamente o amor que se deve unicamente ao Filho.

Como a boa mulher do meio da multidão, o povo cristão louva e honra em Maria o que Deus pôs nEla ao fazê-la Mãe do seu Filho. Se a honra da mãe sempre redunda em honra do filho, infinitamente mais neste caso único, em que tudo o que a Mãe é, deve-o ao Filho.

2. A primitiva comunidade cristã

Se os quatro Evangelhos são parcos em falar de Maria, o resto dos escritos do Novo Testamento mal a menciona.

Há talvez uma obscura alusão a Maria na mulher que o Apocalipse (12, 1-6) apresenta vestida de Sol, com a Lua a seus pés e uma coroa de doze estrelas sobre a cabeça, enfrentando a Grande Serpente e dando à luz *um filho varão, que há de reger todas as nações com cetro de ferro.* Não se percebe bem se o vidente de Patmos pensa exclusivamente em Maria ou se designa a Igreja que, através de Maria, nos dá Jesus. Porque diz dEla uma coisa que se ajusta mais à Igreja do que à Virgem: *Está grávida e grita com dores de parto e com o tormento de dar à luz.*

Mais clara é a alusão de São Paulo em Gl 4, 4: *Quando chegou a plenitude dos tempos, enviou Deus o seu Filho, nascido de mulher, nascido sob a lei, para resgatar os que se achavam sob a lei, a fim de que recebêssemos a adoção de filhos.*

O centro medular do desígnio salvífico de Deus está na Encarnação, pela qual o Verbo nascido de uma mulher, Maria, se constitui como Filho de Deus feito homem e transmite a condição de filhos adotivos de Deus a todos os homens que se incorporem a Ela pela fé e pelo batismo. Nessa breve frase, São Paulo encerrou todo o valor teológico do papel que Maria representa na história da nossa Salvação.

Por último, os Atos dos Apóstolos, reportando-se aos primeiros momentos da vida da Igreja, mencionam explicitamente a Virgem: *Todos eles perseveravam unânimes na oração com algumas mulheres, com Maria a Mãe de Jesus e com os irmãos deste* (1, 14).

Quando Jesus subiu aos céus, os primeiros discípulos ficaram muito sós.

E recordando a promessa de Jesus: *Não vos deixarei órfãos [...], eu pedirei ao Pai e Ele vos dará outro Consolador para que esteja convosco para sempre* (Jo 14, 18.16), reuniram-se na casa da mãe de João Marcos para esperar a vinda do Espírito Santo.

Perseveravam unânimes em torno de Maria.

Dizem que a devoção à Virgem pode ser um obstáculo ao verdadeiro ecumenismo. E começa a haver católicos que, para facilitarem a união com os irmãos separados, defendem que se ponha em surdina a nossa devoção mariana.

Que tal se experimentássemos uns e outros ter as nossas reuniões ecumênicas como os primeiros cristãos de Jerusalém, agasalhados pelo calor de Mãe da Senhora?

Não seria assim mais fácil que nos considerássemos irmãos? E não estaríamos assim mais perto da necessária unanimidade?

Em oração... com Maria.

Dada a parcimônia de notícias que os Evangelhos nos proporcionam sobre a vida da Virgem, surpreende que nos tenham deixado elementos suficientes para que a sua oração possa ser modelo da nossa.

Há uma forma de oração – a mental – em que a alma contempla e medita silenciosamente as gestas e os gestos de Deus.

E há outra forma de orar – a vocal –, quando todo o ser do homem, com o coração e com os lábios, fala com o Senhor.

A vida silenciosa de Maria foi uma roda de moinho em contínuo movimento, dando voltas permanentemente no seu coração às gestas divinas que lhe coube protagonizar, e repetindo – como passam pela tela, repetindo-se, as imagens de uma sequência sem fim – os gestos inefáveis de Deus que impressionaram as suas pupilas e os seus ouvidos de testemunha presencial.

Durante os meses que se seguiram à Anunciação, no nascimento, infância e vida pública de Jesus, junto da Cruz e depois da Ascensão, o silêncio prolongado de Maria é um fio reforçado de contemplação e meditação, para a costura que a mantinha perpetuamente unida à vontade de Deus.

Da sua oração vocal há dois exemplos: um de louvor e ação de graças; outro de petição. O primeiro – o *Magnificat* –, longo e expansivo. O segundo – o pedido de Caná –, brevíssimo, quase telegráfico e a modo de sugestão.

Precisávamos muito desta dupla lição.

Porque contrasta muito com o que nós costumamos fazer.

Mal damos lugar na nossa oração ao louvor e à ação de graças ao Senhor; mas causamos-lhe vertigens com a cansativa enumeração das nossas necessidades pessoais.

O amor, a benevolência e a beneficência do Pai celestial não se ganham com prolixas declarações de amor da nossa parte, nem com dramáticas descrições das necessidades que nos afligem.

Estavam pouco seguros, a respeito da generosa liberalidade dos seus deuses, aqueles pagãos dos quais Jesus dizia que *imaginam que pelas suas muitas palavras hão de ser escutados. Não sejais, pois, como eles; porque o vosso Pai sabe de que coisas estais necessitados, antes de que lhe peçais* (Mt 6, 7-8).

Os pedidos do Evangelho são sempre fórmulas curtas e breves, como a introdução de uma carta ou o cabeçalho de uma notícia.

Recordemos a súplica de Marta e Maria, irmãs de Lázaro. Quando o irmão adoeceu – ainda não sabemos o que é que teve –, contentam-se com mandar dizer-lhe: *Senhor, aquele a quem amas está doente*. E o Senhor não se enganou, ainda que não lhe tivessem dito o nome.

O mesmo aconteceu em Caná: *Não têm vinho*. E o milagre aconteceu.

Pensava terminar este capítulo com uma longa invocação à Virgem, em que os meus leitores pedissem comigo à Senhora que nos ensinasse a entoar continuamente o *Magnificat* da nossa ação de graças ao Senhor pelos seus contínuos benefícios, um *Magnificat* que pusesse nos nossos lábios a palavra precisa quando tivéssemos que pedir-lhe alguma coisa.

Mas Ela ensinou-nos a ser breves nas nossas súplicas.

Bastará que lhe digamos:

– Mãe, não sei orar. Deixa-me orar contigo.

3. São José

> *O nascimento de Jesus Cristo foi desta maneira. Sua mãe, Maria, estava desposada com José e, antes de começarem a viver juntos, aconteceu que ela concebeu por obra do Espírito Santo. José, seu esposo,*

> *que era um homem justo e não queria difamá-la, resolveu deixá-la secretamente. Enquanto assim pensava, eis que um anjo do Senhor lhe apareceu em sonhos e lhe disse: «José, filho de Davi, não temas receber Maria por esposa, pois o que nela foi concebido procede do Espírito Santo. Ela dará à luz um filho a quem porás o nome de Jesus, porque ele salvará o seu povo dos seus pecados [...]». Despertando, José fez como o anjo do Senhor lhe havia mandado e recebeu a sua esposa em sua casa.*
>
> (Mt 1, 18-21.24)

O silêncio de Maria sobre o mistério da Encarnação fez José passar pela terrível angústia de decidir abandoná-la secretamente.

Estavam *desposados* havia meses e faltavam poucos dias para a cerimônia da condução da esposa à casa do esposo, quando José percebeu em Maria os sintomas da gravidez.

Produziu-se a inevitável crise.

A Lei colocava José no transe de repudiar a sua esposa denunciando-a. Mas ele não a julga culpada e resolve abandoná-la silenciosamente.

Deus, porém, tranquiliza-o, revelando-lhe a verdade do que aconteceu. E pede-lhe que a aceite, que a conduza para sua casa e cumpra assim o segundo e definitivo requisito do verdadeiro casamento.

Que outra coisa havia ele de querer!

Dias depois, Maria era conduzida entre cânticos de alvoroço, com jubilosa alegria das suas vizinhas e amigas, à casa de José.

Deve ter sido uma quarta-feira. Assim o prescrevia o Mishná: «A esposa virgem será conduzida numa quarta-feira à casa do esposo; numa quinta, se for viúva».

A partir daquele momento, as paredes da carpintaria alegraram-se com a nova caiação, e ressoaram com ritmo de aleluia o bater do martelo e o ir e vir da serra e do formão.

As brancas toucas da Virgem, agitadas pelo suave movimento das suas mãos fiandeiras, arejavam o rosto suado do jovem carpinteiro.

Sempre juntos!

Primeiro, irão a Belém, para recensear-se, numa viagem incômoda, imposta naquelas condições por um tirano, mas providencial para que o Messias nascesse na cidade de Davi.

Mais tarde, juntos também, serão prófugos exilados no Egito, e depois viajantes repatriados. Por duas vezes José voltará a *tomar consigo* Maria, desta vez com o Menino.

É que José soube muito bem o que fazia.

Tomar consigo a Mãe era ter Jesus.

E quem tem Jesus não sente falta de nada.

4. Jesus

Se não soubéssemos que Maria procurou sempre ajustar a sua conduta aos gostos do seu Filho – que para Ela eram a vontade de Deus –, pensaríamos que a atitude de Jesus para com a sua Mãe pretendia ser consequente com os desejos dEla.

Porque se os conterrâneos – que nada sabiam da sua grandeza extraordinária – consideravam Maria como uma mulher corrente, admira que Jesus – que sabia o que era a sua Mãe – também a tenha tratado aparentemente como se fosse uma mulher, neste caso uma mãe, como as outras.

É nesta linha que se deve situar a aparente aspereza das respostas de Jesus à Virgem no episódio do Templo e no das bodas de Caná.

E nessa linha terá que entender-se também a dupla evasiva do Mestre nas duas ocasiões em que os ouvintes lhe dizem que a sua Mãe deseja vê-lo.

Uma vez, *chegaram a sua mãe e os seus irmãos e, estando do lado de fora, mandaram chamá-lo. Estava muita gente sentada à sua volta; e disseram-lhe: «A tua mãe e os teus irmãos estão aí fora e procuram-te». Ele respondeu-lhes: «Quem é minha mãe e quem são meus irmãos?» E, correndo os olhos pela multidão que estava sentada ao seu redor, disse: «Eis aqui a minha mãe e os meus irmãos. Aquele que faz a vontade de Deus, esse é meu irmão, minha irmã e minha mãe».*

Em outra ocasião, quando a mulher dentre a multidão gritou: *Bem-aventurado o ventre que te trouxe e os peitos que te amamentaram,* Ele disse: *Bem-aventurados antes os que ouvem a palavra de Deus e a guardam.*

Em ambos os casos, a evasiva de Jesus converte-se no mais elogioso louvor – ainda que velado – da sua Mãe. Porque, quem como Ela escutou a Palavra de Deus e a cumpriu?

Jesus tinha que mostrar-se desprendido dos laços da carne e do sangue, para que ninguém pudesse dizer ou pensar que agia por interesses familiares. Mas a sua admiração pelas virtudes da sua Mãe deixava-se entrever facilmente, na habilidade com que procurava converter em louvores a Maria os seus gestos de aparente indiferença para com Ela.

Por outro lado, a aspereza que por vezes julgamos descobrir nas palavras de Jesus dirigidas a Maria desaparece imediatamente, neutralizada pela atitude subsequente do Filho para com a sua Mãe.

Se a resposta verbal de Jesus à insinuação de Maria em Caná («*Mulher, que há entre ti e mim?*») pode parecer-nos dura, o comportamento imediato do Senhor, que faz a pedido de Maria o milagre da conversão da água em vinho, demonstra o evidente interesse de Jesus em comprazê-la.

O mesmo se pode dizer da resposta à queixa amorosa de Maria quando torna a encontrá-lo no Templo: «*Por que me procuráveis? Não sabíeis que devo ocupar-me nas coisas de meu Pai?*» A resposta parece desabrida, mas já na linha seguinte o Evangelista diz que (Jesus) *desceu com eles a Nazaré e era-lhes submisso.*

Se as obras é que são amores, a submissão amorosa de Jesus à sua Mãe foi a norma da sua longa vida oculta. Até os trinta anos, não fez outra coisa que merecesse a atenção do Evangelista inspirado pelo Espírito Santo.

Mas, mais do que com palavras ou atitudes explícitas, Jesus mostra o seu amor pela Mãe na frequência com que a recordação de Maria salpica implicitamente os ensinamentos do Mestre.

Se eu tivesse que fazer um filme sobre a vida de Jesus, ilustraria muitas passagens da sua pregação com imagens da vida de Maria.

E não só porque Ela pôs em prática como ninguém todos os ensinamentos do seu Filho, mas porque o seu Filho, quando os formulava, tinha de reviver necessariamente muitas das cenas domésticas de Nazaré das quais a sua Mãe fora protagonista. Por vezes, as palavras solenes de Jesus ressoariam sobre o fundo de quadros estáticos que registrariam momentos especialmente exemplares da vida da Virgem.

Bem-aventurados os pobres, diria a voz de Jesus *em off*. E, em imagem, um quadro de Maria e José à busca de um albergue em Belém na noite de Natal, ou uma aquarela do Nascimento num estábulo, com acompanhamento de mula e boi, teias de aranha e palha.

Bem-aventurados os que padecem perseguição por amor da justiça, sobre uma cena reproduzindo a fuga para o Egito...

Noutros casos, as palavras de Jesus não só poderiam ser ilustradas, como plenamente substituídas por imagens da vida caseira de Maria.

O reino dos céus é semelhante a... E o argumento para o filme poderia ser este: José, ajudado por Jesus, descarrega do burrinho três sacos de farinha branca que acaba de trazer do moinho, e esvazia-os na masseira. Maria, arregaçadas as mangas até os cotovelos, mistura a farinha com água e acrescenta um punhado de levedura para que a massa fermente.

Jesus disse certa vez: *Que mulher que tenha dez dracmas e perca uma, não acende a lâmpada, varre a casa e a busca diligentemente, até encontrá-la? E, quando a encontra, reúne as amigas e vizinhas, dizendo: «Regozijai-vos comigo, porque achei a dracma que tinha perdido». Do mesmo modo, digo-vos que haverá júbilo entre os anjos de Deus por um só pecador que se arrependa* (Lc 15, 8-10).

Seria absurdo imaginar que alguma coisa de parecido aconteceu com a Virgem?

Papini não acerta quando afirma categoricamente que Jesus nunca tocou em dinheiro com as suas mãos. O desprezo excessivo das coisas materiais equivale a um protesto contra Deus, que nos fez limitados e indigentes. O dinheiro é a evidência da nossa pobreza essencial.

É provável, no entanto, que na casa de Nazaré a administradora da modesta economia familiar fosse a Virgem. Ela comprava retalhos na barraca do vendedor de feira. Ela discutia o preço do pescado na peixaria de Cafarnaum, o do mel com o vendedor de Betsá e o do queijo de cabra com os pastores de Galaad.

Jesus viu-a muitas vezes comprar, para a sopa de trigo, dois passarinhos por um asse.

A despensa em casa não devia estar muito abastecida.

O preço dos trabalhos da carpintaria costumava ser muito modesto. E, mesmo assim, os clientes muitas vezes só deviam pagar quando conseguiam vender a colheita do trigo ou do azeite. Entre eles, os lavradores arranjavam-se pagando uns aos outros em espécie. Mas os vendedores de comestíveis ou os comerciantes ambulantes de roupas e utensílios nem sempre precisavam dos trabalhos de carpintaria.

Nalgum momento, quando ainda faltasse mês e meio para colher a azeitona, a Virgem encontrar-se-ia talvez sem dinheiro, e pensaria nas dez dracmas poupadas... Faltava uma! Jesus tê-la-ia visto acender a lamparina antes do anoitecer e procurar a moeda pelos cantos da casa, e varrer a desoras a casa inteira. Depois, ouvi-la-ia comentar alegremente com a sua vizinha Judite e com as filhas de Salomé a sua angústia pela dracma que julgara perdida... e a alegria de tê-la encontrado.

Quando Jesus falava em parábolas, parecia-lhe um sorriso de anjos este júbilo da sua Mãe...

E assim sempre.

Quando Jesus falava do sal da terra (Mt 5, 13), sabia que o seu efeito mais salutar era impedir a corrupção. Quantas vezes não teria visto a sua Mãe cobrir de sal o peixe fresco para conservá-lo por vários dias, ou lançar à rua, onde os homens o pisavam, o sal comprado a uns comerciantes do Mar Morto, que se revelara insosso...

Quando Jesus falava do Bom Samaritano (Lc 10, 34), recordaria sem dúvida com emoção a solicitude com que Maria lhe aplicara tantas vezes – bem como a José enquanto vivia – esses mesmos remédios caseiros, quando a serra ou o martelo os machucavam ou lhes ocasionavam um corte...

Quando Jesus dizia: *Ninguém acende uma lâmpada e a cobre com um vaso ou a põe debaixo da cama, mas coloca--a sobre um castiçal para iluminar os que entram* (Lc 8, 16), devia ver a silhueta de sua Mãe recortando-se a cada anoitecer por trás do candeeiro recém-aceso, enquanto o pendurava no alto para continuar a olhar-se nos olhos do seu Filho...

Quando Jesus dizia aos enviados de João Batista: *Os que se vestem suntuosamente estão nos palácios dos reis* (Lc 7, 25), podia perfeitamente imaginar por contraste a imagem de Maria, remendando com as suas mãos primorosas as roupas já gastas do esposo e do Filho, e recordar-se do que mais de uma vez lhe teria ouvido dizer, aproveitando a ocasião para ilustrar as relações entre o seu novo Reino e o Antigo: *Ninguém rasga um pedaço de roupa nova para remendar uma roupa velha* (Lc 5, 36), porque assim estragaria a roupa nova e, além disso, o remendo novo não assentaria bem na roupa velha. *Ninguém põe um remendo de pano novo numa roupa velha, porque o remendo arrancaria uma parte da roupa e o rasgão ficaria pior* (Mt 9, 16). Sabiam muito de remendos... Ela e Ele!

Alegra-me terminar assim o «Evangelho de Maria».
Com esta bela descoberta de que, quase sempre, por trás do Evangelho de Jesus, encontra-se Maria.
Procura descobri-la tu, leitor amigo.

Direção geral
Renata Ferlin Sugai

Direção de aquisição
Hugo Langone

Direção editorial
Felipe Denardi

Produção editorial
Juliana Amato
Karine Santos

Capa
Karine Santos

Diagramação
Sérgio Ramalho

ESTE LIVRO ACABOU DE SE IMPRIMIR
A 11 DE MAIO DE 2025,
EM PAPEL PÓLEN SOFT 70 g/m².

OMNIA IN BONUM